目　录

第二篇 护水小达人 / 65

Vorwort I

Bildung für eine nachhaltige Entwicklung soll dazu befähigen, mit Visionen, Phantasie und Kreativität die Zukunft mit ihren Herausforderungen zu gestalten, Neues zu wagen und unbekannte Wege zu erkunden. Dem entsprechend innovativ und vielfältig müssen ihre Methoden sein.

Dafür braucht es Lehrkräfte, die einerseits fachlich kompetent und wissenschaftlich reflektiert sind, um die komplexen Zusammenhänge im Bereich Bildung für eine nachhaltige Entwicklung ihren Schülerinnen und Schülern zu verdeutlichen. Andererseits muss ihr pädagogisches Handeln auch der „Eröffnung von gemeinsamen Möglichkeiten" dienen. Dazu sind spezifische Fähigkeiten notwendig, damit die Potenziale der Umweltbildung als Qualitätsmerkmal der gesamten Schule nachhaltig in ihrer Gemeinschaft verankert werden kann.

Es bedarf deshalb schließlich der Erweiterung der Perspektive von Umweltbildung von einer traditionell nationalen auf eine zunehmen internationale Sicht auf die Thematik: Die Visionen nachhaltiger Entwicklung sind getragen von der Vorstellung, dass menschliches Handeln Auswirkungen auf die Erde als Ganzes hat. Für die transnationale Reichweite lokalen Handelns wird man kaum Beispiele bringen müssen: Saurer Regen, Smog oder Klimawandel sind Beispiele für jene Schlagworte, die dafür ausreichend in den Medien beziffert werden. Deshalb ist Bildung für Nachhaltige Entwicklung trotz unterschiedlicher nationaler Rahmenbedingungen in internationale Diskurse einzubetten.

Aus all diesem anspruchsvollen Zielsetzungen ist eine internationale Kooperationsarbeit zwischen dem Zentrum für Lehrerbildung (LFZ) der Stadt Shanghai, des LFZ Zhejiang und der Universität Passau (Deutschland) entstanden, in der - gemeinsam mit Fachpersonal aus 20 Pilot- Grundschulen in beiden Regionen sowie weiteren ausgewählten Schulen aus den Regionen Yunnan, Xinjiang und Qinghai - die Entwicklung und Implementierung von zehn innovativen Modulen im Bereich nachhaltiger Umweltbildung gelungen ist. Die Module werden zwischenzeitig von vielen Schulen in China als Musterbeispiel für nachhaltige

Umweltbildung für Schulentwicklungsprozesse aufgenommen und umgesetzt.

Neben vielen konkreten Beispielen eines pädagogisch begründeten „Umwelt-Unterrichts" wird schließlich ein wissenschaftliches Fundament für ein Qualitätsmanagement formaler, non-formaler und informeller Bildungsprozesse für BNE geschaffen.

Das Buch richtet sich naturgemäß an Studierende aller Lehrämter, PädagogInnen, SchulleiterInnen, die die Bedeutung und Potenziale von Umweltbildung erkannt haben und durch neue Erkenntnisse tragfähig ausbauen wollen. Es wendet sich gleichermaßen auch an Akteure und ExpertInnen in Schul- oder Verwaltungsbehörden, die mit der Umsetzung einer Bildung für nachhaltige Entwicklung als maßgeblicher Indikator für den Policy-Transfer in China verantwortlich sind.

Eine persönliche Bemerkung am Schluss: Als Wissenschaftlerin durfte ich mit meinem Team schon einige internationale Projekte konzipieren und wissenschaftlich evaluieren. Die Erfahrungen in der Zusammenarbeit mit den chinesischen PartnerInnen zählen für mich aber zu den wertvollsten. Ich habe von den KollegInnen des LFZ in Shanghai unglaublich viel über die Lehrerbildung in China erfahren und war über die pädagogische Professionalität an chinesischen Schulen immer wieder beeindruckt. Bei allen, die an der Realisierung dieses wichtigen Projekts mitgewirkt und es erst ermöglicht haben, möchte ich mich aus ganzem Herzen dafür bedanken, es war eine unglaublich schöne Zeit mit Ihnen.

University of Passau

序 1

可持续发展教育培养的人才，应当能够带着愿景、想象和创造力，迎接未来的挑战，勇敢尝试新事物，探索未知的道路。可持续发展教育的教育方法也必须创新且多样。

这就对教师提出要求，一方面教师要专业能力过硬，善于反思，能清晰地向学生传授可持续发展教育领域的复杂知识；另一方面教师的教育行为必须服务于"开放共同的机遇"，这是对特定能力提出的要求，即把环境教育的发展潜力作为学校整体在其社区可持续发展的质量标志。

环境教育正从传统的本土化视角转向不断国际化的主题视角。可持续发展教育愿景的提出，以人类行为会影响整个地球为基础。本土化行为的跨国界影响，几乎无须刻意使用案例就能证明：酸雨、雾霾或者气候变化，都是媒体广为报道的关键词。所以，尽管各国背景不同，但可持续发展教育已深入国际讨论。

为了更好地落实可持续发展教育目标，上海市师资培训中心、浙江省中小学教师与教育行政干部培训中心和德国帕绍大学（University of Passau）开展国际合作，与来自沪、浙两地的 20 所基地学校以及来自云南、新疆、青海的 5 所基地学校一起，成功开发并实施了可持续发展教育内容的 8 个创新性环境教育模块课程。

项目组在研发具体的"环境教育课程"之余，还构建了对可持续发展教育正式、非正式的教育过程进行质量管理的科学基础。

本套丛书以师范生、教育工作者、教育管理者为主要对象，面向对环境教育的意义和前景有所认识并期待扩充、传授新知识的所有人员。同时，也以教育行政机构的专家们为主要对象，他们是中国可持续发展教育的政策推动人。

最后，我想说，作为一名科研人员，我与我的团队参与过数项国际化项目的理念架构和科学评估。于我个人而言，与中国伙伴们的合作最有意义。从上海市师资培训中心的同行们身上，我了解了中国教师教育的信息、中国学校的教育专业性，且这些给我留下了深刻印象。在此，我衷心感谢所有共同参与并落实本项目的伙伴们，与你们一起工作的时光非常美好！

克里斯蒂娜·汉森　教授

德国帕绍大学

苏　娇（译）

序 2

人类社会伴随着政治多元化、经济多维化和教育国际化这三大浪潮走进 21 世纪。这个时期，国家竞争说到底就是人才竞争，而人才竞争就是教育竞争。

那么，21 世纪的学校教育和教育发展观应该是什么？

1996 年，国际 21 世纪教育委员会向联合国教科文组织提交了《教育——财富蕴藏其中》的报告，就是要培养学生学会四种本领，其中最核心的思想是教育应使受教育者学会学习，即教育要使学习者"学会认知 Learning to Know""学会做事 Learning to Do""学会共同生活（学会合作）Learning to Live Together"和"学会生存 Learning to Be"。这一思想很快被全球各国所认可，这"四个学会"成为面向 21 世纪教育的四大支柱，我们的青少年教育应当有这样"四个学会"。

2001 年，联合国教科文组织在日内瓦召开世界教育大会的主题是"学会共生 Learning to Live Together"。这次大会有 188 个国家参加，86 个国家派出了以教育部长为首的代表团参加，说明世界各国都非常重视进入 21 世纪的人类社会的今天要学会共生。与什么学会共生呢？与不同政治制度、不同文化传统的人们学会共生，与在不同经济发展水平的人们学会共生，与不同宗教信仰的人们学会共生，与自然学会共生，与生态学会共生。

2015 年，联合国可持续发展峰会在纽约总部召开，联合国 193 个成员国在峰会上正式通过 17 个可持续发展目标。可持续发展目标旨在从 2015 年到 2030 年间以综合方式彻底解决社会、经济和环境三个维度的发展问题，转向可持续发展道路。

2017 年，中共十九大报告提出"推动构建人类命运共同体""建设一个美好的家园"，强调要重视今天的环境。"绿水青山就是金山银山"的新时代中国发展的环境愿景，具有丰富而深刻的内涵，具有时代价值。

中德环境教育国际研发项目的开展，呈现了人类社会生存与可持续发展的主题，同时，通过开发植入 21 世纪"育人"理念和教育思想的中国环境教育本土化课程来培养青少年的环保意识与素养，脚踏实地地推动了学校教育的时代性探索，践行着中国教育的可持续发展之路。

　　2015 年至今，项目通过丰富多样的方式在不同范围内持续、深入地开展，将上海的环境教育工作者和学生、教师、学校，与长三角地区、中西部地区，乃至中外高校、研究机构、专业单位汇聚在一起，把我们的智慧，把我们的志向，把我们的能力，把我们对孩子、对社会的责任聚焦于一个共同的目标——每一个人"学会共生"，我们的明天会更加美好！

陈永明　教授

上海师范大学

编者按

"我们 21 世纪面临的最大挑战，是要在这期间为地球上的人类实现目前还较为抽象的可持续发展。"——联合国前秘书长安南

联合国在 1992 年通过的《21 世纪议程》中将教育称为可持续发展道路的关键因素，2013 年所有成员国决议共同商讨全球环境和可持续发展议题并作出决策。

2015 年至 2017 年，上海市师资培训中心联合浙江省中小学教师与教育行政干部培训中心、德国帕绍大学（University of Passau）、德国汉斯·赛德尔基金会（Hanns Seidel Foundation）共同开展中德环境教育国际研发项目，这也是经合组织在联合国教科文组织"可持续发展"理念下推进的"应对全球气候变化"的项目之一。本项目通过国际化的创新合作，关注"气候变化"这一全球热点话题，传授先进的环境教育理念与方法，使学校能够结合其办学特色与发展目标，以培养小学生的环境意识为目的，开发小学环境教育课程和教材资源。同时，组织教师培训、研讨交流与学生实践等活动，全面探索跨学科和综合实践课程的理论建构内涵及创新实践教学，助力教师专业发展，为课程研究开辟多元的创新之路。

来自上海、浙江、云南、青海和新疆的中德环境教育国际研发项目 25 所基地学校的教师团队，借鉴德国先进的环境教育理念和方法，在科学方法与学术资料的理解应用、创新课程内容与教学方式的实践探索等方面都取得了突破性的成长与发展。

一、环境教育是当代生态文明精神与素养建设的重要组成部分

随着经济社会的发展和人类生存环境的日益恶化，环境问题已成为 21 世纪人类面临的最突出的社会性问题。重视环境保护、环境教育和公民环境素养的培养是促进我国经济、社会、文化协调发展和提高综合国力的必然要求。

习总书记在党的十九大报告中，全面论述了生态文明建设的阶段性成就、指导思想和战略部署，强调建设生态文明是中华民族永续发展的千年大计。必须树立和践行"绿水青山就是金山银山"的理念，坚持节约资源和保护环境的基本国策，像对待生命一样对待生态环境，形成绿色发展方式和生活方式，为人民创造良好生产生活环境，为全球生态安全作出贡献，这为推动我国生态文明向纵深发展指明了方向和路径。十九大报告更是把生态文明与物质文明、政治文明、精神文明、社会文明并列作为在 21 世纪中叶把我国建成富强、民主、文明、和谐、美丽的社会主义现代化强国的目标之一。

教育部发布的《中小学德育工作指南》，围绕德育目标提出中小学德育的五项主要内容：理想信念教育、社会主义核心价值观教育、中华优秀传统文化教育、生态文明教育和心理健康教育。该指南阐明了生态文明教育就是要加强节约教育和环境保护教育，环境教育要从小抓起，帮助学生树立人与自然和谐相处的环境道德观念，培养他们爱护自然、尊重自然的态度，养成维护生态环境的行为习惯；让这些未来的公民，尽早地建立保护环境的使命感和责任感，真正具备保护环境的自觉性和主动性。这既体现了时代发展的鲜明特征，又符合可持续发展战略的要求，为中华民族的伟大复兴提供不竭的精神动力。

二、项目体现了中国学生核心素养的培养目标

首先，在课程目标方面，中德环境教育国际研发项目与当下中国以培养学生核心素养为目标的基础教育课程改革相一致。基于项目所开发的环境教育课程主要以培养学生的"关键能力"为目标，这既体现了当今环境教育的国际先进理念，同时也与我国当下的基础教育改革理念相吻合。学生核心素养是关于"学生在接受相应学段的教育过程中，逐步形成的适应个人终身发展和社会发展需要的必备品格和关键能力"。例如，项目提倡围绕重要的环境教育主题，以跨学科的活动开展学校的环境教育，其中涉及各领域的人文和科学的知识与技能，从而培养学生的人文底蕴和科学精神，有助于我国学生核心素养的养成与提高。

其次，在课程实践方面，项目主要以跨学科的形式架构课程并以综合实践活动的方式实施课程。在实践方面强调学生综合运用多学科的知识和方法解决生活中与环境有关的实际问题。核心素养主要指向过程，具体表现为"关注学生在其培养过程中的体悟，而非结果导向"。教师教育理念的转变，以及教学方式与课堂实施的新方式将有助于培养学生的关键能力并关注学生表现的过程性变化，从而助力学生核心素养的培养。环境教育是以综合实践活动课程为载体，在培养学生能力的同时也促进了教师在"跨学科教学""挖掘育人价值""课堂教学方式的转变"等方面的专业成长。

三、成果与展望

2017年底，中德环境教育国际研发项目顺利开发了涵盖8个课程模块、15个主题，集"理论指导""教师指导说明""学生活动任务单"为一体的15册"小学环境教育模块课程"教学指导用书（见表1），并广泛应用到教学实践中。

在此基础上，项目组开发了网络课程"绿色学堂：小学环境教育教师培训课程"，于

2018 年开始面向从事环境教育的工作者开放，同时在上海市教师教育管理平台和中国青少年科技辅导员协会"科技学堂"上线，使项目的成果得以更广泛地辐射，进一步推进了环境教育的实践进程。

表 1 "小学环境教育模块课程"教学指导用书

模 块	主 题	学 校
M 1 生物多样性	保护野生动物	上海市金山区兴塔小学
	植物多样性： 一份身边植物的资料袋	上海市普陀区武宁路小学
	生物多样性	杭州市萧山区高桥小学
M 2 气候变化	生活中的节能减排	上海市普陀区恒德小学
	蓝天小卫士	上海市杨浦区打虎山路第一小学
	低碳的足迹	湖州市爱山小学
M 3 生态系统	走进身边的生态	上海市浦东新区金新小学
	微生态创客空间	上海市长宁区天山第一小学
M 4 环境保护	护水小达人	上海市浦东新区凌桥小学
	垃圾绿循环	杭州长江实验小学
M 5 资源管理	小小水管家	上海市普陀区朝春中心小学
	让垃圾变资源	上海市实验小学
M 6 环境与健康	校园环境与健康	上海市长宁区愚园路第一小学
M 7 商品生产与消费	生产与消费	绍兴市柯桥区中国轻纺城小学
M 8 城乡发展	城市在变大 乡村在发展	海宁市实验小学

"绿色学堂：环境教育活动课程设计与教学"丛书的汇编出版，既是环境教育国际合作与本地实践的成果汇编，也是抛砖引玉。我们真诚地希望，这套丛书能对从事环境教育的工作者起到些许启发和激励的作用，坚持探索与创新，建设学生喜闻乐见的环境教育课程。中国生态环境的保护呼唤更多人的关心和担当！

华 夏

曲莉雯

理论导读

一、构建以关键能力为核心的活动课程模型

环境教育活动要有序、有效地推进，需要建构活动形态的课程。把环境教育的活动视为课程，它就具有明确的教育目标，能选择适合的活动内容，建立符合小学生心理特征的活动范式，同时还有活动成果的评价方案，形成可持续、可迁移的课程模式，避免教育活动的随意性，同时也有助于小学教师的专业成长。

德国帕绍大学克里斯蒂娜·汉森教授和凯瑟琳·普朗克博士为中德环境教育国际研发项目提供的"环境教育活动课程开发模型"，具有启发性，为参与项目的教育工作者提供了一种全新的课程设计思路和教学模式。

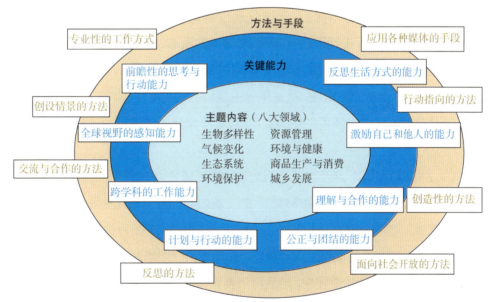

图1　环境教育活动课程开发模型

环境教育活动课程开发模型以关键能力为核心，由主题内容、方法与手段、关键能力三个同心圆组成。

1. 主题内容

内圆主题内容包含八个环境问题的主题领域，分别是生物多样性、气候变化、生态系统、环境保护、资源管理、环境与健康、商品生产与消费、城乡发展相关的环境问题，另外还包括河流、大气、土壤中的环境问题等。这些现实存在的环境问题发生在小学生身边，是他们能够感觉到的，同时也凸显了环境问题的地域特点。

八个主题内容可以供基地学校根据其教育实践情况和发展目标来选取，指向课程

主题。选择主题内容时应该遵循本土特色。这是一个普遍性的要求，因为只有把当地典型的环境问题展示出来，才会引起学生对真实环境问题的关注，同时可以让学生"看到"和"听到"，能够"感觉"和"体验"。

主题内容的选择可以视为一个相对独立的模块，它既是活动实施的载体，也是成果呈现的平台。环境教育活动课程可以设置若干个模块，由此可以组成一个系列化的环境教育主题。另外，全球性的环境与气候问题既多样又复杂，在学校开展环境教育时，应该在各自的主题内容导引下，确定课程一系列具体的单元主题和活动，为学生的环境教育建立一个具体而现实的环境问题情景，从而对身边的环境问题或现象有深切的感受和理解。例如，一学期的环境活动课程有 30 个课时，每个课程的主题内容由 5～6 个单元主题构成，每个单元主题下还有 4～5 个具体的活动，彼此间具有一定逻辑性，从而构成一个教学与活动的体系，即本丛书案例中的课程设计。

课程主题内容体系的逻辑性，就是单元主题和活动之间要有科学的联系。认识一个具体的环境问题，应该从不同的侧面去理解，若干单元主题都是为理解主题内容而建立的。

例如，上海市金山区兴塔小学结合当地农村的环境特点，围绕保护野生动物的主题开展环境教育，这是从属于"生物多样性"的主题内容。五个单元主题分别是"认识蟾蜍""救救蟾蜍""保护麻雀""濒危野生动物""动物狂欢节"，每个单元主题下又设计了 5～6 个活动。整个活动课程围绕着保护野生动物的主题展开。学生从关注身边的蟾蜍着手，发现了保护蟾蜍的重要性，随后再拓展到其他野生动物，进一步了解保护野生动物的情况，开展模拟情景剧、摄影展等活动。由此组成的"主题课程—单元主题—活动"设计符合逻辑、互相衔接，同时也逐渐开阔了学生的视野，让学生认识到保护野生动物是一个国际性的话题，也了解到许多国家和国际组织为保护野生动物开展了许多积极的国际合作。

课程活动设计的逻辑性还表现在小学各年级之间的衔接与深化。不同的主题内容适合不同年级段的学生，采用的方法与手段、关键能力的培养目标也有所不同。系统的设计可以在整个小学年级段逐层深入具体内容，从而较全面地提升小学生的环境素养，使他们在升入中学阶段和走向社会以后，真正具备一个公民应该拥有的必备品格和关键能力，以应对全球性环境问题。

2. 方法与手段

方法与手段是指解决环境问题的途径，它包括采用专业性的工作方式、创设情景的方法、交流与合作的方法、反思的方法、面向社会开放的方法、创造性的方法、行动指向的方法以及应用各种媒体的手段八个方面。对于小学生来说，教学方法的多样性和媒体的丰富性是非常重要的，这是由他们的认知特征所决定的。

把"专业性的工作方式"置于第一位，表明环境教育首先要符合科学性，即认识环境问题要有科学的态度与方法，如学会正确的实验方法、数据分析、真实记录、客观描述。环境教育涉及物理、化学、生物、地球科学等领域，不同领域也都有不同的专业方法，如观察、比较、辨认，也会使用不同的测试仪器等，这些都凸显出"专业性的工作方式"的重要性。

"创设情景的方法"也是教师常用的教学方法，通过设置模拟性的情景，让学生感受环境问题的严重性；或者让学生模拟不同的角色，体验不同的人对同样的环境问题会产生不同的想法，懂得尊重与交流的重要性。采取田野调查、社区考察是依托真实的情景，开展情景剧表演和辩论活动是创设模拟情景。

"交流""合作""反思"这些方法都是培养学生在未来社会中处理问题必备的能力与态度，提示我们的教师不能把环境教育简单地理解为"讲述""传授""接受"的过程。

从学校走向社会、走向自然界，是一种"面向社会开放"的方法，学校要组织学生走进社区、走进自然，去发现真实的环境问题。"创造性的方法"已经被许多教师所关注，在活动过程中教师要鼓励学生进行大胆的设想，能发表独特的见解，并且帮助学生实现创造。

"行动指向的方法"需要结合对"行为导向型教育理论"的理解。这里的"行动"不是指某些物质意义上的学习行为，而是有意识、有目标、有计划的学习活动。当学习内容是行为导向型的，当学习者独立地学习相关内容并与他人一起变得积极，他们会更容易获得重要的关键能力。比如团队中与他人共同计划、行动，认识复杂的联系，系统全面地思考，感同身受等，形成各种可持续发展教育中所体现的关键能力。"为了行为学习，通过行为学习"，可以理解为学习者实现有能力的行为，促进动机的、与自我相关的、认知的过程。从行动到行为导向型课堂，需要明晰"学生独立完成什么事情""学习的价值在哪里""使用价值在哪里"之间内在的发展与逻辑关系，关注"行为能力"的构成，即"专业能力"（知识技能和判断）、"方法能力"（行动和学习）、"社会能力"（分享

气候变化与环境保护

和传播）、"个人能力"（责任和评估）。因此，行为导向型课堂的实施可以围绕项目课程，把活动内容聚焦为一个可以实现的项目来展开；可以采用开放式课程，走出课堂、走出学校，浸润体验校外的开放式教育、开放式教室，如专业场所的体验馆等；可以采用站点式学习，循环训练，即有针对性的循环式学习；可以是基于问题的学习、混合学习、通过教学来学习、计划游戏等。

运用各种教学媒体是开展环境教育活动的必备手段，包括网络环境下的多媒体演示设备、各种实验室、温室植物园、气象观察站、PM2.5 测试仪，等等。同时还包括运用社会资源，如科技馆、自然博物馆、动物园、植物园等公共资源，还有利用附近的污水处理厂、现代农业园区等可以让学生参观的场所。

环境教育方法与手段的多样化，将有利于教育目标的达成，有利于培养具备国际视野、具有现代环境素养和关键能力的中国学生。

3. 关键能力

关键能力是环境教育活动达成的目标，在克里斯蒂娜·汉森教授设计的环境教育活动课程开发模型中，称作 Competency（能力、胜任力等），其含义与我国学生发展核心素养中提到的关键能力是相通的。一名具有环境素养的社会公民，应该具备哪些关键能力呢？项目组在实践中提炼出以下八项关键能力：前瞻性的思考与行动能力、全球视野的感知能力、跨学科的工作能力、计划与行动的能力、公正与团结的能力、理解与合作的能力、激励自己和他人的能力、反思生活方式的能力。这八个方面组成了一名学生面对全球性环境问题的关键能力。

八个待研发的环境教育主题内容需运用一定的方法与手段来实现环境教育所要培养的关键能力。因此，环境教育活动课程开发模型的三个圆环是互相联系的：主题内容是环境教育系统中的"输入"，而关键能力是环境教育系统中的"输出"，方法与手段是实施环境教育的途径。在环境教育活动的实施过程中，内容的输入是为了培养学生的关键能力，也是环境教育活动的目标。反思过去进行的环境教育，往往存在注重环境知识的传授而忽视关键能力培养的情况，在教育形式上也偏重于课堂中的讲授，而忽视课外实践和社会体验活动的多元化开展。

关键能力作为环境教育活动课程的培养目标，既包括学生的行为能力，如前瞻性的思考与行动能力、计划与行动的能力等；也包括情感因素，如理解与合作的能力、激励自己和他人的能力等；还包括态度与价值观，如公正与团结的能力、反思生活方式的能力等。关键能力的培养需要在必要的知识理解的基础上完成，但是环境知识的获得并不是环境教育活动的全部结果。

在本丛书中，为了准确地体现与表达关键能力的培养内容，各基地学校的案例中均有对课程总体目标和课标要求的表述与对应。

二、基于环境教育课程的活动设计

这里的活动设计是针对环境教育课程中的单元主题下每个活动学习过程的设计。以关键能力培养为导向，通过一定的方法与手段将行为有效地贯穿于学习活动全过程，展示了一种落实环境教育关键能力目标的技术路径。

活动设计强调教师要关注学生的自主体验，通过一定的方法与手段引导学生对知识与技能的认识和获得，使学生能够运用各学科知识，认识、分析和解决现实问题，建立学习与生活的有机联系。教师要避免仅从学科知识体系出发进行活动设计。

1. 教为学服务，实现教学互动

教学设计一般有以下几种思路：一是从"教"的角度，将知识与技能按程序化作讲授主题，以教程特征来进行设计；二是从"学"的角度，将知识与技能设定为未知的问题，针对问题进行探究，关注学生的自主体验而设计；三是主张"教为学服务"的课堂形态，不仅关注学生的自主体验，也强调教师要通过一定的方法与手段引导学生对知识与技能的认识和获得，关键能力的培养将作为纽带推动学习过程中的每一个环节，从教与学互动的角度，将学生的学程与教师的教程互为对应，从而实现学教互动。本课程聚焦于关键能力目标，强调互动，定位在活动设计。

2. 全程设计，落实目标导向和行为贯穿的指导思想

全程设计包括如下含义：一要遵循认知规律，将行为引导与认知本性相融合，使现代科学的学习方法论贯穿于活动全过程；二要遵循系统方法，把学习活动的元认知因素组合成一个系统，"学、问、思、辨、行"都能围绕主题或问题展开，确立合理的程序纲要，力求教学效果最优化；三要服务于立德树人目标，每个学习活动和教学指导的背后，对如何培养关键能力都有相应说明；四要体现全涵盖要求，能够将单元主题设计和活动设计互相照应，将"树木"与"森林"组成一家，使每一棵树都有原生态的归属感。

3. 单元设计要素齐全，活动设计环节清晰

单元设计指向整个单元主题的目标、行为、路径、技术、检验等方面，是对如何开展学习活动的预设。单元设计要明确反映这些系统性诉求，其有十个要素。表1以"家乡的生态环境"单元设计为例，展示了这十个要素的具体内容，解释各自含义。

表1 "家乡的生态环境"单元设计（节选）

设计要素	指导意见	举例释义
单元主题目录	一个完整的环境教育课程有5～6个主题单元，每个主题单元下还有4～5个具体的活动，同时对应相应的课时数。	**课程主题：走进身边的生态** 单元主题一：我梦想中的绿色小区 活动1：小组设计一个绿色小区模型（1课时） 活动2：绿色小区创意行宣传活动（2课时） …… 单元主题二：小镜头中的家乡生态 活动1：家乡生态的摄影比赛（3课时） 活动2：身边的青山绿水（2课时） ……
课标要求	回应课程标准、课程纲要与大纲。	回应《自然课程标准》《品德与社会课程标准》《中小学生环境教育专题教育大纲》《中小学综合实践活动课程指导纲要》《中小学环境教育实施指南》《小学科学课程标准》《上海市小学科学与技术课程标准》等的要求。
对照学科专业	具体学科中的主要专业指向。	自然、技术、美术、语文等学科中的相关内容。
关键能力目标	针对上述相关"关键能力"落实要求。	前瞻性的思考与行动能力：参与对生态环境改善的讨论，以及绿色小区设计等活动。 全球视野的感知能力：通过网络或书籍阅读，了解生态保护的世界问题与现状等。
方法与手段	参考八种"方法与手段"。	专业性的工作方式：体验生态学研究方法，学习生态样方调查法等。 创设情景的方法：在真实情景中寻找生态知识和生态问题。
学业评价设计	形成性评价、终结性评价与表现性评价兼顾。	学习档案袋：评价生态环境调查活动等记录，分析积累的过程体验。 项目活动的结果：对照目标评价所有活动结果（摄影、小报、模型等）。
活动空间	创设实践工作坊，鼓励跨学科实践和能力迁移。	主题与行动融合：为家乡的环境改善成立"生态保护志愿者"小组。 行动计划拓展：为社区分发或在社区宣传窗张贴《生态保护小报》。
材料与资源	包括课内和课外学习所需。	课内：教学挂图、视频等。 课外：生态调查需要的工具和耗材等。

（续表）

设计要素	指导意见	举例释义
校内合作	跨学科研究和行政保障。	成立环境教育联合教研组、校长参加等。
校外合作	争取社会场馆和企业的支持。	参观苏州河梦清园环保主题公园等。

活动设计是指在单元主题教学设计的框架下，具体落实每个活动的目标任务，需要针对目标导向有比较完整的流程设计。

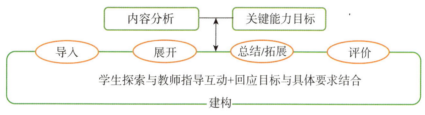

图2　单个活动设计流程图

单个活动设计需要有上述基本环节要求，并形成结构性关系，以引导具体的教学活动，具体可见表2的示例。

表2　家乡的生态环境（单元主题）：我们的"生态小报"（单元活动）

		学生活动	教师指导要点	要求说明
活动过程	导入	交流以前对生态环境的学习认识，了解编报要求。	组织学生交流，对交流情况进行鼓励。	巩固前几节课的学习成果。
	展开	① 搜索学习小报样本，选择一个参考样本。 ② 讨论编报任务分工。 ③ 按分工活动：搜集资料、选择图片、电脑打字等。 ④ 根据小报版式进行编辑。 ⑤ 在教师指导下完善小报，并参与交流。 ⑥ 开展大组评价，评选出最佳"生态小报"。	① 出示学生编辑的学习小报，引导学生观摩比较。 ② 指导制作小报的基本任务。 ③ 巡视指导，针对资料内容提出相关建议。 ④ 指导分栏目编报的技术和策略。 ⑤ 针对不同小组的"生态小报"予以评议，提出完善建议。 ⑥ 组织学生对不同小组编写的"生态小报"开展评选。	依照活动目标（关键能力培养目标），按"学教互动"的思路组织师生活动。教师将对学生的评价与鼓励贯穿在整个活动中。
	总结/拓展	交流编报的收获，在校园橱窗中展示"生态小报"，或借助网络开展网上交流等。		
活动评价		针对学生实践活动的达标情况进行评价，对有创新和亮点的学生予以鼓励。		

4. 活动任务单，服务学生行为的学程导向

活动任务单是为学生活动行为流程有效化所提供的指导设计，可以有效落实学生实践活动的开展，一般要有明确的任务、要求、实践、检验四点要求。回应上述"生态小报"编写任务，表3所列的活动任务单即为一种示例。在具体设计中，可以按项目长作业的形式，提供一些参考资料或资源平台。评价环节可以通过交流展示、分享评比等形式进行。

表3　"生态小报"活动任务单

搜集小报样本	每人搜集1~2份适合的小报样本
选择小报题目	题目要符合生态环境保护思想
讨论小组分工	根据任务，具体分工到人（3~4人一组） A: B: C: D:
开展小报制作	可以借助电脑
参与交流展示	对题目、内容、栏目等进行介绍
开展互相评价	小组间相互评价

如何具体呈现上述活动设计要素，可根据不同主题特点进行调整，鼓励创新。

克里斯蒂娜·汉森　凯瑟琳·普朗克

陈胜庆　赵才欣　华　夏　曲莉雯　苏　娇

第一篇

生活中的节能减排

"气候变化"是一个备受关注的环境话题，这个词一直在新闻媒体报道中出现。那么气候变化最显著的表现到底是什么？这些表现给社会、给生活带来哪些影响？我们在日常生活中可以做些什么？我们可以通过哪些个人的行为，为节能减排作出贡献，并影响周围的人？本篇的课程内容指向"气候变化——生活中的节能减排"，活动主题都是学生日常接触的、寻常而普通的事物和习以为常的行为与生活方式。那么哪些习以为常的行为应该改变、怎么改变，具体开展的每一个活动将给出答案，并拓展更深层次的跨学科活动内容。

01 主题内容

本篇课程内容为"生活中的节能减排"，制定了"为地球量体温""'水球'的变化""'衣衣'不舍""舌尖上的气候""家庭'碳锁者'""出行可以更绿"等活动主题。

02 总体目标

以气候变化中的主要变化——气温变化和降雨变化为切入口，教师通过引导学生开展一系列的活动，培养学生对气候变化的全球性视野，从而深入了解与家庭生活相关联的国际、社会、经济关系，并在活动的交流与分享中培养合作精神，实现学生个体综合素质的可持续发展。

03 课标要求

《中小学环境教育实施指南》

1.4.4　引导学生主动参与解决环境问题，培养学生的环境责任感。

3.3.1.1　1～6年级自然生态内容与要求及活动建议。

4.2.2　针对学校现有条件和已有环境教育的不足，学校要根据本指南的要求和建议，联系社区发展需要，创设机会，规划不同层次和多种形式的环境教育活动。

04 评价方式

形成性评价、终结性评价和表现性评价。

课程设计

后续的单元主题活动案例为本篇课程设计内容的节选，具有一定的代表性，较全面地诠释了环境教育活动课程设计的思路以及"主题内容"与"单元主题"和每一个"活动"之间的逻辑关联，同时也体现了每个活动学习过程的具体设计，可供参考。

课程名称	气候变化——生活中的节能减排 关键词：气候变化　节能减排　衣食住行　生活　行动		
学　段	小学四年级	课时量：30 课时 (35 分钟 / 课时)	
		时　间：一学年	

活动内容

主题	活　动	课时数	关键能力	方法与手段	
一、为地球量体温	活动 1　变化的气温	1	前瞻性的思考与行动能力 全球视野的感知能力 理解与合作的能力	专业性的工作方式 交流与合作的方法	游戏 统计 小组讨论
	活动 2　升温带来的灾害	1	前瞻性的思考与行动能力 全球视野的感知能力 公正与团结的能力	交流与合作的方法 反思的方法 应用各种媒体的手段	观测 小组讨论
	活动 3　升温 1℃到 7℃的世界	1	前瞻性的思考与行动能力 全球视野的感知能力	专业性的工作方式 创造性的方法	查资料 绘画
	活动 4　为什么会升温	1	前瞻性的思考与行动能力 全球视野的感知能力 计划与行动的能力 反思生活方式的能力	交流与合作的方法 反思的方法	小组讨论
	活动 5　气温的测量记录统计分析	1	跨学科的工作能力 计划与行动的能力 理解与合作的能力	创设情景的方法 交流与合作的方法	实验 小组讨论
二、"水球"的变化	活动 1　变化的降雨量	1	前瞻性的思考与行动能力 全球视野的感知能力	专业性的工作方式 创造性的方法	创作 绘制统计图 思维导图
	活动 2　雨水是从哪里来的	1	前瞻性的思考与行动能力 全球视野的感知能力 计划与行动的能力	创设情景的方法 应用各种媒体的手段	实验
	活动 3　降雨带来的灾害	1	全球视野的感知能力 前瞻性的思考与行动能力	专业性的工作方式 创造性的方法 反思的方法	思维导图
	活动 4　海绵城市创意设计	1	计划与行动的能力 反思生活方式的能力	交流与合作的方法 创造性的方法	绘画 创作
	活动 5　雨水净化	1	计划与行动的能力 反思生活方式的能力	创造性的方法 行动指向的方法	实验对比

（续表）

主题	活动		课时数	关键能力	方法与手段	
三、"衣衣"不舍	活动1	衣服的材质	1	跨学科的工作能力 计划与行动的能力	交流与合作的方法 创造性的方法	讨论 设计
	活动2	"衣排放"	1	前瞻性的思考与行动能力 理解与合作的能力	创造性的方法 应用各种媒体的手段	设计 视频
	活动3	衣服使用过程中的减排	1	前瞻性的思考与行动能力 理解与合作的能力	交流与合作的方法 反思的方法	讨论
	活动4	学生装的再设计与回收	1	前瞻性的思考与行动能力 跨学科的工作能力	创造性的方法	设计
	活动5	环保袋的制作	1	前瞻性的思考与行动能力 理解与合作的能力 激励自己和他人的能力	创设情景的方法 交流与合作的方法	情景体验 讨论
四、舌尖上的气候	活动1	食材的来源	1	理解与合作的能力 激励自己和他人的能力 全球视野的感知能力	创设情景的方法 交流与合作的方法	讨论
	活动2	水足迹	1	全球视野的感知能力 计划与行动的能力	交流与合作的方法 创设情景的方法	讨论 实验
	活动3	食物碳排放	1	反思生活方式的能力 激励自己和他人的能力	交流与合作的方法	排序
	活动4	自制节能减排大餐	1	反思生活方式的能力 激励自己和他人的能力 计划与行动的能力	创设情景的方法	设计
	活动5	家庭蔬菜种植创意设计	1	前瞻性的思考与行动能力 计划与行动的能力	创设情景的方法 交流与合作的方法	种植 讨论
五、家庭"碳锁者"	活动1	实用节水、创意节水	1	反思生活方式的能力 激励自己和他人的能力	交流与合作的方法	讨论
	活动2	实用节电、创意节电	1	反思生活方式的能力 激励自己和他人的能力	交流与合作的方法	制定措施
	活动3	节约煤气	1	前瞻性的思考与行动能力	交流与合作的方法	讨论
	活动4	智能家居设计	1	前瞻性的思考与行动能力 计划与行动的能力	创设情景的方法	设计
	活动5	垃圾的再利用	1	反思生活方式的能力 跨学科的工作能力	反思的方法	调查

（续表）

主题	活动		课时数	关键能力	方法与手段	
六、出行可以更绿	活动1	出行方式问卷调查设计	1	反思生活方式的能力 计划与行动的能力	交流与合作的方法	设计
	活动2	替爸妈设计最佳出行路线	1	计划与行动的能力 激励自己和他人的能力 计划与行动的能力	创造性的方法	规划 设计
	活动3	红灯时怠速熄火等候实践活动	1	前瞻性的思考与行动能力 激励自己和他人的能力 计划与行动的能力	创设情景的方法 交流与合作的方法	模拟实验 讨论
	活动4	拼车出行辩论赛	1	理解与合作的能力 公正与团结的能力	交流与合作的方法 反思的方法	辩论
	活动5	解决拥堵创意设计	1	前瞻性的思考与行动能力 计划与行动的能力	创设情景的方法 交流与合作的方法	视频 讨论

单元主题活动案例

主题一：为地球量体温——气候变化中的气温变化

什么是气温？气温变化有规律吗？

地球升温会导致什么后果？气温变化和其他事物之间的变化有什么关系？

随着平均气温变化，我们的世界会变成什么样？

是谁让地球升温的？

气温变化怎么记录？怎么统计？怎么分析？

01 活动目录

活动1　变化的气温

活动2　升温带来的灾害

活动3　升温1℃到7℃的世界

活动4　为什么会升温

活动5　气温的测量记录统计分析

02 活动空间

在气象创新实验室中，学生学习相关的气象知识，了解气候变化的要素之一——气温变化。通过对实验器材——温度计的了解与掌握，落实行动。同时整合各类资源，以行动为导向，实现所学知识和所培养能力的迁移与可持续运用。

03　活动资源

校内合作

各学科的专业师资：数学课、语文课、自然课等学科教师。

学校管理人员：在校园周边设置气温变化观测点。

校外合作

周边小区、地区气象局。

活动1　变化的气温

一、活动简介

了解气温日变化、月变化、年变化，认识热带、温带、寒带气温年变化的不同特点。能举例说出气温与人类生产生活的关系，初步学会计算平均气温，掌握全球部分城市的气温变化规律。帮助学生养成关注气温的习惯，关注气温也是在关注生活。重点了解气温变化曲线图和气温变化统计图、气温日变化与年变化、等温线图的特点。

二、关键能力的培养

1. **前瞻性的思考与行动能力**：了解气候变化中的主要变化之一——气温变化；初步掌握温度计的读取方法。

2. **全球视野的感知能力**：学会计算世界主要城市的平均日气温和年气温。

3. **理解与合作的能力**：能与同伴一起讨论气温与人类生产生活的关系。

三、方法与手段

1. **专业性的工作方式**：等温线游戏、气温变化统计图。

2. **交流与合作的方法**：合作讨论与气温有关的天气现象。

四、活动材料

1. **活动材料与工具**：多媒体课件、温度计、A4纸、温水。

2. **活动任务单**：画等温线图、校园气温变化统计图、气温与人类活动关系的思维导图。

3. **活动总评价表**："变化的气温"活动总评价表。

五、活动方案

（一）活动时间：1课时

（二）活动过程

学生活动	教师指导要点	要求说明
一、温度与生活 1. 估算教室气温。 2. 估算水温。 3. 学会看温度计。	指导学生根据身体感觉估计教室内的气温大约是多少摄氏度。 提供一杯温水，请学生用手指浸入之后，估计温度。 教师演示：教师手执温度计走在学生中间并提问："同学们仔细观察温度计所显示的度数。实际温度与你的估计差别大吗？"	学生亲身体验，激发学习兴趣，调动学生参与的积极性。 教师教给学生正确的读数方法。
二、计算练习 1. 计算课本图"气温日变化"中当日的日平均气温，理解日平均气温的计算方法。 2. 根据教师提供的温度计，记录并统计当天的气温变化，绘制校园气温变化统计图。	气象学上通常用一天2时、8时、14时、20时，四个时刻的气温相加后平均作为一天的平均气温（即四个气温相加除以四），结果保留一位小数。	通过对世界主要城市年平均气温的计算，培养学生全球视野的感知能力。 学会通过交流合作的方法，完成学习任务。 （见活动任务一）
三、等温线游戏 1. 在教室中设计一只倒着的温度计，即白纸上画温度计，上面是低温，下面是高温。这只温度计大约高1.6米，1.5米左右为0℃。 2. 所有学生模拟高山气温（也可以模拟地球南北极的气温），高的学生站中间，按照高矮辐射站成矩阵，模拟高山的形状。 3. 学生开始量"气温身高"，在温度计白纸上量身高，身高越高的学生气温越低。 4. 学生量好"气温"后，让学生回到矩阵的原位。 5. 相同气温的学生手拉手形成圆圈，这时候维持不了矩阵也没关系。 6. 除了中间的学生，所有学生基本都在一定范围内与其他学生牵手，例如气温同为2℃的学生就可以牵手，并且在内圈。 7. 画这次活动的等温线图。	教师事先准备活动器材，清空游戏活动区域。 教师解读游戏规则，指导学生分组开展"等温线游戏"。 告诉学生每一圈就是这座山的等温线，等温线变化多端，形状不一定，但是等温线不会交叉，并且山越高，气温越低。	通过对游戏的掌握，培养团队之间的理解和合作能力。 通过游戏的形式激发学生的学习兴趣，活跃课堂气氛。 （见活动任务二） 等温线是气象学中常见的表达天气状况的方式，通过游戏这种专业的工作方式，理解等温线的作用。
四、分组讨论 分组讨论气温变化与人类活动的关系，并绘制相应的思维导图。	引导学生思考：在日常生活中，有哪些天气现象是与气温有关的？	通过小组思考，培养学生的团队合作能力。 （见活动任务三）

（三）活动任务

任务一：绘制校园气温变化统计图

1. 任务目标

通过气温统计图的记录绘制，了解一天的气温变化，学会关注气温变化。

2. 任务内容

借助温度计记录各个时间点的室内外气温，并绘制成统计图。

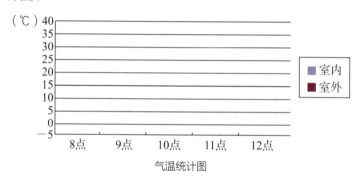

气温统计图

任务二：等温线游戏

1. 任务目标

通过模拟高山等温线，了解不同高度的气温是不一样的。

2. 任务内容

所有学生模拟高山气温，高的学生站中间，按照高矮站成矩阵，模拟高山的形状。初步学会绘制等温线。

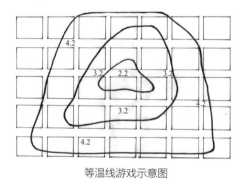

等温线游戏示意图

任务三：完成思维导图

1. 任务目标

通过思维导图的绘制，了解人类活动与气温变化之间的关系。

2. 任务内容

思考日常生活中，有哪些人类活动与气温之间相互影响，填写在图中。

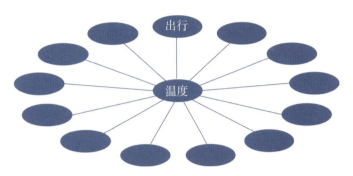

"变化的气温"活动总评价表

活动满意度（打"√"）	😊 优秀	😊 良好	😟 须努力
能读取各种温度计			
学会计算平均气温、绘制统计图			
能合作完成等温线游戏			
能发散思维完成思维导图			

活动 2　升温带来的灾害

一、活动简介

进入 20 世纪 80 年代后，全球气温明显上升，由此引发的灾害频发。而导致气候变暖的两大主要原因：一是森林等植被被大面积毁坏，二是温室气体排放逐日增加。越来越明显的"温室效应"就是最鲜明的标志，给地球降温已迫在眉睫。只有我们真正从自身做起，用实实在在的行动来阻止环境继续恶化，才能有效避免我们共同生存的这个星球进一步变暖。

二、关键能力的培养

1. **前瞻性的思考与行动能力**：积极应对全球气候变暖。
2. **全球视野的感知能力**：了解气候变暖的后果。
3. **公正与团结的能力**：小手牵大手共同应对气候变化。

三、方法与手段

1. **交流与合作的方法**：测水杯水温变化，观测植物棚内外气温。
2. **反思的方法**：了解气候变暖的后果之后，积极应对气候变暖。

3. **应用各种媒体的手段**：视频《北京玉渊潭公园里的"迎春花"竟然在初冬的暖阳中开了花》；视频《全球各地夏天热浪滚滚的新闻》；金星的科普视频。

四、活动材料

1. **活动材料与工具**：媒体视频、实验架、开水、温度计、杯子等。
2. **活动任务单**：完成温室实验的学习单、金点子接龙、小手牵大手。
3. **活动总评价表**："升温带来的灾害"活动总评价表。

五、活动方案

（一）活动时间：1 课时

（二）活动过程

学生活动	教师指导要点	要求说明
一、由视频引出话题 1. 视频：《北京玉渊潭公园里的"迎春花"竟然在初冬的暖阳中开了花》。 2. 视频：《全球各地夏天热浪滚滚的新闻》。 3. 引出气候变暖、全球升温的话题。	播放活动材料视频。 提出问题，引出话题。	能够初步说出看了视频之后的感受。
二、数据图片证实 1. 上海市气象局发布的历年平均气温对比，以图表的形式投影出示。 2. 投影出示国内其他地区（南京）的各年段的年平均气温的对比。 3. 出示全球气温上升统计图表。 4. 媒体展示冰川消融和北极、格陵兰岛冰层面积缩小的图片。	出示上海、南京、全球的年平均气温统计图。 媒体出示对比照片。 引导学生展开讨论。	会根据对比图片，观察得出结论。
三、做实验明事理 1. 我们去看一下课前第 1、2 小组做的实验，现在各个杯子的水温有没有变化？ 2. 请第 3、4 小组再去观测一下植物暖棚里面和外面的气温。	准备实验器材：两杯热水，一杯包裹棉布，一杯裸露。十分钟内多次测量杯中的水温。 组织学生分组开展活动。 引发学生思考：地球表面气温上升，到底是什么在裹着、罩着呢？	根据实验要求完成实验过程。 （见活动任务一）
四、了解变暖后果 1. 组织学生说说气候变暖还会引发什么灾害。 2. 严重的温室效应会是什么样子的呢？教师一边播放金星的科普视频，一边进行讲解。	播放金星的科普视频。	通过观看视频，讨论极端的气候变暖还会产生哪些后果。
五、积极应对变暖 1. 开展"金点子"接龙游戏。 2. 游戏结束后，颁发"环保小卫士"系列奖章。	投影出示《京都议定书》的大致内容。 组织开展"金点子"接龙游戏。	通过接龙游戏，培养学生前瞻性的思考与行动能力。 （见活动任务二）

（续表）

学生活动	教师指导要点	要求说明
六、小手牵大手 1. 学生思考、讨论。 2. 学生交流。	我们知道了要节能减排，要减少二氧化碳的排放，那么我们应该从哪里做起呢？	发散性思维，各抒己见，培养学生公正与团结的能力。（见活动任务三）

（三）活动任务

任务一：完成温室实验学习单

1. 任务目标

通过测量两个包裹着不同物质的杯子中的水温，间接了解感受地球被二氧化碳包裹而保温的现状。

2. 任务内容

准备两个量杯，倒入相同的热水。一个杯子用棉布包裹，一个杯子不做处理。十分钟内多次测量两个杯子的水温并记录。

实验记录表

第一个杯子		第二个杯子	
时间	温度	时间	温度
2分钟		2分钟	
得出的结论			

任务二："金点子"接龙

1. 任务目标

通过接龙游戏，比一比哪组学生在减少温室气体排放上的方法最多。

2. 任务内容

以"开火车"的形式，分组开始"节能减排"接龙游戏，通过一个接一个的讲述方法，看最后哪一组接不下去。

> **"金点子"接龙要求**
>
> ★ 拯救全球变暖危机是全人类共同的责任。我们必须行动起来，从身边做起，从小事做起。
>
> ★ 请同学们开展一个主题为"金点子"的接龙游戏，比一比哪组在减少温室气体排放方面的方法最多。
>
> ★ 比如，出行乘坐公共交通、饮食适量、不买跨区域生产的商品。

任务三：小手牵大手，节能又减排

1. 任务目标

看看自己能够带领家长采取哪些减少碳排放的措施。

2. 任务内容

在记录单上写下每周准备带领家长参与的减少碳排放的创意活动。

节能减排的措施

有哪些措施能减少二氧化碳的排放：

"升温带来的灾害"活动总评价表

活动满意度（打"√"）	优秀	良好	须努力
通过对比发现问题			
能够参与"金点子"接龙			
积极参与分组实验			

活动 4　为什么会升温

一、活动简介

全球气候变暖是一种和自然有关的现象。由于人们焚烧化石燃料（如石油、煤炭等）或砍伐森林并将其焚烧时会产生大量的二氧化碳，即温室气体，这些温室气体对来自太阳辐射的可见光具有高度透过性，而对地球发射出来的长波辐射具有高度吸收性，能强烈吸收地面辐射中的红外线，导致地球气温上升，即温室效应。

二、关键能力的培养

1. **前瞻性的思考与行动能力**：如何从身边做起，改善当今升温的现状。
2. **全球视野的感知能力**：了解全球的气温现状。
3. **计划与行动的能力**：如何保护环境及其措施。
4. **反思生活方式的能力**：讨论生活中造成地球升温的不良现象。

三、方法与手段

1. **交流与合作的方法**：讨论生活中因为温室效应而产生的现象。
2. **反思的方法**：通过情景剧表演反思自己生活中的节能减排。

四、活动材料

1. **活动材料与工具**："温室效应"图解、电脑、投影仪。
2. **活动任务单**：温室效应的现象、温室效应的原理、改善温室效应所能完成的身边小事。
3. **活动总评价表**："为什么会升温"活动总评价表。

五、活动方案

（一）活动时间：1 课时

（二）活动过程

学生活动	教师指导要点	要求说明
一、讨论温室效应的现象 　大家在一起相互讨论，然后派一名或几名代表站起来发言。 　学生通过文字或者图画的形式呈现讨论结果。	教师提问： 在我们日常生活中，看到了哪些因为温室效应而产生的现象？ 教师边巡视，边引导学生。	大屏幕投影：当今社会温室效应的现象。通过讨论思考，培养学生全球视野的感知能力。 （见活动任务一）

（续表）

学生活动	教师指导要点	要求说明
二、讨论温室效应的原理 出示温室效应示意图，学生分小组思考讨论温室效应的原理，然后交流展示。	教师总结： 太阳辐射主要是短波辐射，而地面辐射和大气辐射则是长波辐射。大气对长波辐射的吸收力较强，对短波辐射的吸收力较弱。 白天：太阳光照射到地球上，部分能量被大气吸收，部分被反射回宇宙，大约47%的能量被地球表面吸收。 夜晚：地球表面以红外线的方式向宇宙散发白天吸收的热量，其中也有部分被大气吸收。	通过图片提示，了解温室效应的原理，产生前瞻性的思考问题。 （见活动任务二）
三、情景剧排练 小组分工，挑选其中一个节能减排的举措，用情景剧的形式表演出来。	温室效应主要和排放有关。我们能够做些什么小事来减少碳排放呢？ 我们能否针对其中的一个小举措，来完成一个简单的情景剧表演？	通过演绎的方式，把行动举措更加形象化，培养学生反思生活方式的能力。 （见活动任务三）

（三）活动任务

任务一：温室效应的现象

1. 任务目标

了解有哪些体现温室效应的现象。

2. 任务内容

通过图画或者文字，描述/描绘温室效应的现象。

我眼中的温室效应

任务二：温室效应的原理

1. 任务目标

了解温室效应产生的原理。

2. 任务内容

以个人的思路解说温室效应的原理，看谁说得完整。

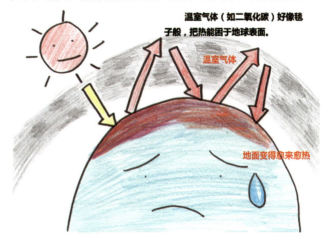

温室气体（如二氧化碳）好像毯子般，把热能困于地球表面。

温室气体

地面变得愈来愈热

温室效应示意图

任务三：改善温室效应所能完成的身边小事

1. 任务目标

通过小组式情景剧表演，从身边小事做起应对气候变化，做到节能减排。

2. 任务内容

小组编排一个简单的小故事，完成合作演绎。

情景剧编排任务表

故事名称			
角色		扮演者	
角色		扮演者	
角色		扮演者	
故事主要内容			
编剧：	导演：	道具：	配音：

"为什么会升温"活动总评价表

活动满意度（打"√"）	优秀	良好	须努力
查阅资料，描述温室效应的现象			
了解温室效应的原理			
完成情景剧表演			

主题二："水球"的变化——
气候变化中的降雨变化

气候变化中降雨量的变化为什么会突出表现？

降雨量变化表现在哪里？雨是怎么形成的？

降雨有何利弊？海绵城市是什么概念？

降雨如何计量？怎么回收？怎样才能实现海绵城市？

雨水怎么净化和测试？

01 活动目录

活动 1　变化的降雨量

活动 2　雨水是从哪里来的

活动 3　降雨带来的灾害

活动 4　海绵城市创意设计

活动 5　雨水净化

02 活动空间

未来工作坊：气象创新实验室。

在气象实验室中，学生将主题知识与对社会的调查相融合，通过不同的记录、统计、分析，了解降雨变化与事物之间的关系。以行动为导向实现所学知识和所培养能力的迁移与可持续运用。

03 活动资源

校内合作

各学科的专业师资：数学课、语文课、自然课等学科教师。

学校管理人员：在全校各个地点设置收集雨水、统计降雨量的观测点。

校外合作

嘉定气象局。

活动1　变化的降雨量

一、活动简介

气候变化是指长时期内气候状态的变化，通常用不同时期的气温和降雨等气候要素的统计量的差异来反映。学生参与了解全球和当地的降雨现状，了解降雨变化给全球气候带来的影响，了解降雨变化给各地带来的灾害以及应对措施。培养学生对图表的阅读和分析能力，知道不正常的降雨也是由于全球气候变化引起的。

二、关键能力的培养

1. **前瞻性的思考与行动能力**：初步掌握全球降雨分布规律。
2. **全球视野的感知能力**：初步学会阅读世界平均降雨量分布图。

三、方法与手段

1. **专业性的工作方式**：解读图片——降雨分布的曲线图。
2. **创造性的方法**：小制作——制作雨量器。

四、活动材料

1. **活动材料与工具**：媒体、图片、剪刀、美工刀、饮料瓶、刻度尺。
2. **活动任务单**：认识降雨级别以及符号、自制雨量器、学会看降雨量分布图、绘制降雨柱状图。
3. **活动总评价表**："变化的降雨量"活动总评价表。

五、活动方案

（一）活动时间：1课时

（二）活动过程

学生活动	教师指导要点	要求说明
一、认识降雨级别 　　学生根据降雨等级表了解降雨量，认识降雨的级别及相对应的符号。	1. 什么是降雨？ 2. 降雨的主要形式是什么？ 3. 降雨分哪些级别？ 4. 各种降雨的符号如何区分？	通过识别降雨图标，认识降雨量的大小。（见活动任务一）
二、自制雨量器 　　学生自带环保废旧材料，利用美工刀、剪刀、刻度尺、笔等工具，进行制作。	思考1：雨量器的口径大小是否对测量有影响？ 思考2：可以用大小不同的雨量器测量降雨吗？	用环保材料制作雨量器，同时考虑设计刻度计量。（见活动任务二）

（续表）

学生活动	教师指导要点	要求说明
三、解读降雨量分布图 1. 该地最大月降雨量是多少毫米? 2. 最小月降雨量是多少毫米? 3. 该地哪个季节降雨较多? 4. 哪个季节降雨较少?	（展示北半球某地一年内的降雨资料）请同学们仔细观察表格,回答问题。	出示图片,从大区域到小范围。使学生初步学会阅读世界平均降雨量分布图,培养学生全球视野的感知能力。 （见活动任务三）
四、判读降雨量柱状统计图 通过降雨量柱状统计图的判读,了解一个地区一年内降雨量的季节变化。	降雨量柱状统计图能够形象直观地显示一个地区一年内降雨的季节变化。我们不仅要会画,还要会判读,从中获取有用的信息。 1. 各月降雨分配均匀吗?（看柱形的长短） 2. 哪几个月降雨比较多?主要集中在什么季节?（通常情况下,月降雨量高于 100 毫米就是降雨多,低于 10 毫米的情况就是降雨少）	通过了解月平均降雨量的柱状图,简单判断该地区的气候特征,培养学生前瞻性的思考与行动能力。 （见活动任务四）
五、绘制降雨量柱状图 根据所给的降雨量数据,绘制相应的降雨量柱状图。	教师给出某地一年中每月的平均降雨量数据。	学习统计图中的柱状图绘制。

任务一：认识降雨级别以及符号

1. 任务目标

能够根据降雨等级表了解降雨量。

2. 任务内容

了解降雨等级表的含义。

任务二：自制雨量器

1. 任务目标

通过自制雨量器,培养动手能力。

2. 任务内容

学生自带环保废旧材料,利用相关工具自己动手制作雨量器。

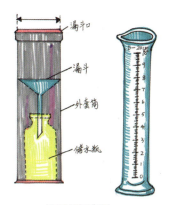

雨量器示意图

任务三：学会解读降雨量分布图

1. 任务目标

　根据降雨分布图，学会分析各地的降雨强度。

2. 任务内容

　（1）根据提供的全球雨量分布图和中国降雨示意图，说出世界上哪些区域降雨较多，中国哪些区域降雨较多。

世界上降雨较多的区域	中国降雨较多的区域

　（2）根据挂图说说降雨量较多的区域相互之间有什么共同点。

　我认为这些区域的共同点有：

　① _____

　② _____

　③ _____

任务四：绘制降雨柱状统计图

1. 任务目标

　学会绘制降雨柱状统计图。

2. 任务内容

　根据数据绘制柱状统计图。

北半球某地多年月平均降雨量

时间 / 月份	1	2	3	4	5	6	7	8	9	10	11	12
降雨量 / 毫米	10	5	22	47	71	81	135	169	112	57	24	12

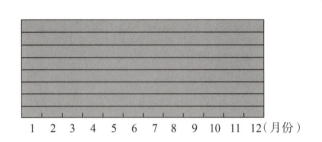

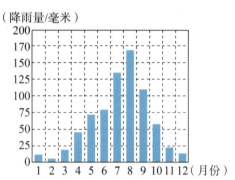

"变化的降雨量"活动总评价表

活动满意度（打"√"）	😀 优秀	😮 良好	😣 须努力
能够认识各种降雨的气象图标			
能了解雨量器的原理			
能够自制雨量器			
能绘制统计图并分析			

活动 3　降雨带来的灾害

一、活动简介

　　了解降雨对地理环境的影响，知道强降雨所带来的灾害。学会通过思维导图，绘制强降雨对城市生活的影响，关注身边的降雨带来的影响，并学会应对的方式和方法。这个活动内容的重点是了解降雨带来的灾害，难点是了解降雨带来的灾害的成因。

二、关键能力的培养

1. **全球视野的感知能力**：了解全球统一的降雨等级分类。
2. **前瞻性的思考与行动能力**：能够了解泥石流带来的灾害。

三、方法与手段

1. **专业性的工作方式**：解读图片——了解降雨等级。
2. **创造性的方法**：通过绘制思维导图，展现降雨对人类的影响。
3. **反思的方法**：降雨过多或者过少的后果。

四、活动材料

1. **活动材料与工具**：纸、笔、餐巾纸、水壶、沙盘、泥、沙。
2. **活动任务单**：降雨等级表、以思维导图的方式绘制降雨带来的灾害影响、完成泥石流模拟实验。
3. **活动总评价表**："降雨带来的灾害"活动总评价表。

五、活动方案

（一）活动时间：1 课时

（二）活动过程

学生活动	教师指导要点	要求说明
一、了解降雨等级 观察降雨强度等级划分表，了解降雨量等级划分的标准。	教师总结强降雨带来的灾害： 1. 城市内涝。 2. 引发洪涝灾害。 3. 引发滑坡、泥石流等地质灾害。 4. 影响交通，影响正常出行。 ……	学生讨论，教师总结。培养学生全球视野的感知能力。（见活动任务一）
二、降雨带来的影响 通过思维导图的形式，发散性地思考降雨带来的影响，绘制出相应的思维导图。	思维导图运用图文并重的技巧，把各级主题的关系用相互隶属与相关的层级图表现出来，把主题关键词与图像、颜色等建立记忆链接。 例如： 一级：道路积水 二级：交通堵塞 三级：上下班、接送 四级：奖金、服务、孩子	简述思维导图的画法，尽可能把每一个分支扩散出去。培养学生前瞻性的思考与行动能力。（见活动任务二）
三、模拟雨量大小带来的灾害 1. 学生分组，先由第一组模拟小雨，并描述对流域带来什么影响。 2. 第二组模拟大雨并产生洪涝。第三组继续模拟大雨并形成泥石流。 3. 最后一组的水中加入一些黄色或者褐色颜料模拟酸雨，并由学生解释酸雨对地面的不同物体带来的影响。	每组学生用报纸或者纸卡构建一个斜坡，上面用餐巾纸或者厚薄不一样的纸卷成树木和草的样子，放置一些干泥沙团。 除了干旱之外，可用浇花的壶模拟不同的降雨量。 分组在讲台上叙述实验成果。	材料准备比较多，地形设计不必统一。模拟降雨量大小时可以通过开孔的大小来控制。（见活动任务三）

（三）活动任务

任务一：降雨强度等级表

1. 任务目标

熟悉降雨强度等级表。

2. 任务内容

熟悉降雨强度等级划分的标准，知道针对各种降雨强度采取不同的应对措施。

降雨强度等级划分表 （单位：毫米）

用语＼时间	12 小时降雨总量	24 小时降雨总量
小雨	0.1～4.9	0.1～9.9
中雨	5.0～14.9	10.0～24.9
大雨	15.0～29.9	25.0～49.9
暴雨	30.0～69.9	50.0～99.9
大暴雨	70.0～139.9	100.0～249.9
特大暴雨	≥ 140.0	≥ 250.0

任务二：以思维导图的方式绘制降雨带来的灾害影响

1. 任务目标

学会用思维导图的形式识记降雨带来的灾害影响。

2. 任务内容

按照"三级制"完成降雨灾害思维导图。

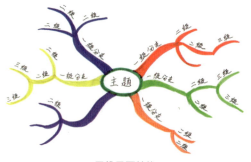

思维导图结构

任务三：完成泥石流模拟实验

1. 任务目标

了解降雨灾害中的泥石流灾害。

2. 任务内容

完成泥石流的模拟实验，并完成实验记录表。

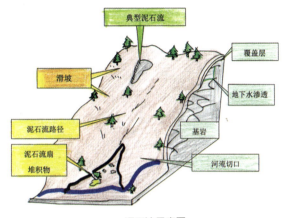

泥石流示意图

泥石流模拟实验记录表

水流量（毫升/秒）	绿化状况	泥土状况	树木状况

"降雨带来的灾害"活动总评价表

活动满意度（打"√"）	😊 优秀	😐 良好	😟 须努力
了解降雨等级			
掌握绘制思维导图的方法			
认识到降雨带来的灾害			
顺利完成泥石流模拟实验			

活动 5　雨水净化

一、活动简介

　　了解中国水资源的现状，养成合理用水与节约用水的忧患意识和生活习惯。通过开展小组讨论，培养探究问题的能力及合作学习的能力，提高保护环境的意识。这个活动内容的重点是了解水的工业级净化的过程，难点是自己尝试净化水。

二、关键能力的培养

1. **计划与行动的能力**：通过一起完成净水实验活动，让学生能够先设计，再实验，培养了学生做计划的好习惯。
2. **反思生活方式的能力**：通过绘制海报，让学生能够反思自己的生活，今后能够积极把雨水运用到日常生活中。

三、方法与手段

1. **创造性的方法**：水净化的检测、比对、记录。
2. **行动指向的方法**：实验结果的海报制作。

四、活动材料

1. **活动材料与工具**：自来水厂流程卡片、各种过滤材料（沙石、活性炭、珊瑚石、纱布等）、浊度计、pH 试纸、饮料瓶、烧杯、剪刀、纸、笔。
2. **活动任务单**：排列自来水厂工作流程的卡片、净化水试验、净化水报告或者绘图演示。
3. **活动总评价表**："雨水净化"活动总评价表。

五、活动方案

（一）活动时间：1 课时

（二）活动过程

学生活动	教师指导要点	要求说明
一、熟悉自来水厂的工作流程 1. 学生整理流程的卡片，进行排列。 2. 说一说为什么这样排列。	指导学生了解水源地的水在自来水厂经过哪些流程，最后变成我们可以使用的自来水。	比一比哪个小组最先排列正确。 （见活动任务一）

（续表）

学生活动	教师指导要点	要求说明
二、完成净水实验 1. 学生分组进行活动。每组收集或者给到不同的材料。 2. 讲述实验流程。 3. 动手操作，了解过滤污水的方法和途径。 4. 水样对比。 蓬松棉 珊瑚石 蓬松棉 石英砂 蓬松棉 活性炭 蓬松棉 净水示意图	教师引导：对于一杯受污染的水，我们有什么办法使它可以干净一些呢？ 每组学生设计一个自己的净化实验，使用日常生活中常见的材料（塑料瓶、纸张、泥土、纱布等），叠放成不同的厚度和序列。 比一比哪一组的水净化设计效果最好，并由每组分析每一样东西为什么能净化水。 哪些净化材料会对水的 pH 酸碱性产生影响？	在过滤前，先对水样进行检测，方便净化之后进行比对。 通过创造性的方法，培养学生有计划地实施能力和高效的行动能力。 （见活动任务二）
三、总结展示 学生根据整个活动过程，把相关的内容和结论通过绘制海报或撰写展示报告的方式呈现出来。	引导学生把各组的实验过程、实验结果、实验结论通过海报的形式展现出来，向其他各组进行介绍。	通过展示交流的方式，提高学生反思生活方式的能力。 （见活动任务三）

（三）活动任务

任务一：排列自来水厂工作流程的卡片

1. 任务目标

了解自来水净化的过程。

2. 任务内容

通过识记和填空等方式，了解自来水的净化过程。

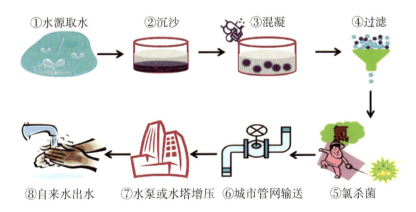

①水源取水　②沉沙　③混凝　④过滤

⑧自来水出水　⑦水泵或水塔增压　⑥城市管网输送　⑤氯杀菌

自来水处理流程图

任务二：净水实验

1. 任务目标

培养动手能力，学会自己设计制作净水实验。

2. 任务内容

通过不同的材料，实施净水实验，比一比哪一组净化的水最纯净。

净水实验记录表

准备的材料	
净化前的水质情况	
净化装置的设计	
净化后的水质状况	
遇到的问题	

任务三：净化水报告或者绘图演示

1. 任务目标

完成海报设计和净水实验的报告，培养总结、反思和团结协作的能力。

2. 任务内容

绘制海报并简单完成净水实验的报告。

净水实验报告

"雨水净化"活动总评价表

活动满意度（打"√"）	优秀	良好	须努力
能够正确排列自来水净化流程			
设计并完成净水实验			
通过汇报介绍小组的成果			

[单元主题活动案例]

主题三："衣衣"不舍——穿衣中的环保

衣服穿旧了该怎样处理才环保？有没有发现很多旧衣物仍然有利用价值呢？

衣物除了可以捐出去，还可以有什么用途？

如何实现废旧衣物纤维的最大价值，减少环境污染与人力物力资源浪费，从而达到节能减排的目的？

01 活动目录

活动 1　衣服的材质

活动 2　"衣排放"

活动 3　衣服使用过程中的减排

活动 4　学生装的再设计与回收

活动 5　环保袋的制作

02 活动空间

未来工作坊：美术创新实验室。

在美术实验室中，学生将开展了解织物、揭秘衣物材质的活动。同时利用美术室的材料，在教师指导下开展衣物搭配、环保袋制作、织物小制作等体验活动。

03 活动资源

校内合作

各学科的专业师资：美术课、探究课、自然课等学科教师。

学校管理人员：邀请衣物回收部门到学校开展讲座。

校外合作

棉纺织厂、环保先锋公益机构。

活动1　衣服的材质

一、活动简介

通过课前准备和查询资料，让学生了解衣服可以用不同材料来制作。以小组分工合作的方式共同认识衣服不同的材质，不仅使学生了解这些材质的不同特点以及来源，而且培养了学生的动手能力和合作精神。学生在实践活动中，掌握区别的技法，在游戏过程中进一步加深对衣服材质的认识。

二、关键能力的培养

1. **跨学科的工作能力**：渗透爱护环境、节约资源的思想，激发学生从小养成关注环境、热爱自然的情感。
2. **计划与行动的能力**：让学生在探究材质的来源中，通过分工合作，共同缝制衣服，进一步培养合作精神。

三、方法与手段

1. **交流与合作的方法**：小组讨论。
2. **创造性的方法**：给玩具娃娃设计服装。

四、活动材料

1. **活动材料与工具**：各种面料材质和实物（主要包括棉、麻、丝、绸等）、16开白纸。
2. **活动任务单**：衣物材质的统计、衣物设计样稿。
3. **活动总评价表**："衣服的材质"活动总评价表。

五、活动方案

（一）活动时间：1课时

（二）活动过程

学生活动	教师指导要点	要求说明
一、认识衣物的材质 1. 拿出准备好的衣物。 2. 用各种方法感受区别，并用语言表述。	利用直观实物，充分调动学生的各种感觉器官。	通过交流与合作，提高学生的行动能力。（见活动任务一）
二、探究衣料的分类 　不同的物品由不同的材质做成，车子、水杯、午餐盒，制作这样一个产品需要哪些原材料？我们身上的衣服又是用什么材料做成的？认识标签，通过衣物标签介绍不同材质。这些不同材质的面料都来源于哪里呢？	指导学生从衣服的小标签上去探寻衣物的材质。 教师可以提供上网环境，方便学生利用查询的方法进行了解。	通过分类比较的方式，小组合作了解衣物材质的不同种类。（见活动任务二）

（续表）

学生活动	教师指导要点	要求说明
三、学习衣料变成衣服的过程 　给不同组别的学生准备不同材料的衣料。每组学生画出这个衣料从原料到最终成为衣服的过程。 　讨论：每种材质的衣料是否可以回收重复利用？如果不能重复利用，如何减少这样的东西产生？	指导学生注意不要遗漏衣料制作为成品的小环节。	了解衣物生产过程中的各种能源消耗。（见活动任务三）
四、根据衣服的材质给洋娃娃设计服装 　1. 学生分组活动，分工合作，有人负责面料的挑选，有人负责设计，有人负责缝制。 　2. 投票前准备：每人两枚章，绿叶代表环保，玫瑰花代表最佳服装。 　3. 投票活动开始。评选出哪一组衣服材质最环保，哪一组服装最美。 　4. 总结活动并反思其他组为什么做得好。 　5. 组织讨论：为了方便生活，你还希望发明何种材质的面料做成衣服？	可以提前要求学生准备一些布料，或者其他的废旧物件，完成服装的设计。	通过创造性的方法，培养学生跨学科的工作能力。（见活动任务四）

（三）活动任务

任务一：完成衣服材质的统计表

1. 任务目标

　了解各种衣物的材质。

2. 任务内容

　填写完成衣物材质统计表。

衣物材质统计表

	天然纤维		化学纤维	
	棉麻	丝绸	人造纤维	合成纤维
统计				
最环保 *				

任务二：不同材质面料的来源

1. 任务目标

了解不同衣物材质的来源。

2. 任务内容

分类填写完成衣物材质的来源。

| 棉麻 | 丝绸 | 人造纤维 | 合成纤维 |

任务三：衣料从原料到最终成为衣服的过程

1. 任务目标

了解衣物生产过程中的能源消耗。

2. 任务内容

思考讨论并填写衣物在买到前的各个环节。

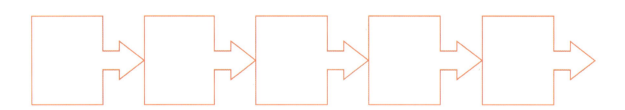

任务四：我替娃娃设计衣服

1. 任务目标

发挥想象，通过设计培养节能减排的意识。

2. 任务内容

设计一套娃娃装。

娃娃装设计表

名称		设计人	
所用材料			
衣服的小样			

"衣物的材质"活动总评价表

活动满意度（打"√"）	优秀	良好	须努力
初步了解衣物的材质			
知道衣物不同材质的来源			
了解布料的原料到成品的过程			
小组合作设计出一套娃娃装			

活动 2　"衣排放"

一、活动简介

有一个流行词，叫作"低碳生活"。低碳生活，顾名思义就是在生活中尽量采用低能耗、低排放的生活方式。在生活作息时所耗用的能量要尽力减少，降低碳特别是二氧化碳的排放量，从而减少对大气的污染，减缓生态恶化。我们的生活中处处都会产生碳的排放，甚至我们身上穿的衣服里都有。本活动旨在使学生了解衣服碳排放的原理、生活中如何在衣服上减排、常见的新型环保服装。

二、关键能力的培养

1. **前瞻性的思考与行动能力**：思考如何在日常衣服的购买和洗涤时减少碳排放。

2. **理解与合作的能力**：讨论降低衣服碳排放的对策，养成团队合作意识。

三、方法与手段

1. **创造性的方法**：设计低碳服装。
2. **应用各种媒体的手段**：碳排放介绍。

四、活动材料

1. **活动材料与工具**：低碳生活的定义、不同衣服的碳排放量数据。
2. **活动任务单**：制作环保可回收面料服装。
3. **活动总评价表**："衣排放"活动总评价表。

五、活动方案

（一）活动时间：1 课时

（二）活动过程

学生活动	教师指导要点	要求说明
一、了解"衣排放"的定义 1. 根据出示的衣服名称，学生选择一个季节进行衣服搭配，选取自己喜欢的着装。 2. 观看介绍碳排放的资料。 3. 根据数据，计算自己所选衣服的碳排放总量。 4. 比一比谁的"衣排放"总量最高。	出示各种季节的衣物名称，比如 T 恤、围巾、羽绒服、运动裤、牛仔裤等。 解释"衣排放"的概念。	学生先选择春夏秋冬中任意一季想穿的衣服，再出示不同衣服的碳排放数据。 （见活动任务一）
二、降低"衣排放"的对策 1. 讨论：想要降低衣服的碳排放，你有什么对策？ 2. 小组讨论。 3. 交流想法。	提问：全棉和化纤的衣服哪种碳排放少？ 对于学生提出的观点进行点评，好的观点要鼓励，不好的观点要提出建议。	从衣服的搭配、材质上考虑，如何降低"衣排放"。培养学生前瞻性的思考与行动能力。 （见活动任务二）
三、设计低碳服装 1. 计算衣服的碳排放足迹；设计低碳服装。 　根据教师提供的表格选取春夏秋冬要穿的衣服，并计算每个人的碳排放，与其他同学对比并设计如何穿衣服可以降低碳排放量。 2. 分组设计适合环保的服装，说明什么样的材料做的衣物最环保。	在学生设计、讨论的过程中，教师需要进行指导。 引导学生计算衣服的碳排放足迹。 设计成果通过图画的形式展现，要求图文并茂。	小组合作设计适合环保的服装，培养学生理解与合作的能力。 （见活动任务三）

（三）活动任务

任务一：不同材质衣服的碳排放量

1. 任务目标

通过不同材质衣服的不同碳排放，了解自己衣服的碳排放总量。

2. 任务内容

通过知道各种材质衣服的碳排放之后，填写"我选择的衣服碳排放量记录表"。

衣物	碳排放量	衣物	碳排放量
涤纶裤子	47 kg	化纤外套	153 kg
纯棉 T 恤	7 kg	围巾	23 kg
长袖衫	15 kg	运动裤	78 kg
羽绒服	200 kg	羊毛衫	99 kg
打底裤	73 kg	棉毛衫	84 kg

我选择的衣服碳排放量记录表

	1	2	3	4	5	6	7
名称							
衣服数量							
小计							

任务二：降低衣服碳排放的对策

1. 任务目标

学会发散思维，对低碳衣服有自己的见解。

2. 任务内容

填写降低衣服碳排放的建议表。

我的建议

任务三：设计环保服装

1. 任务目标

通过设计环保服装，培养创造性思维。

2. 任务内容

异想天开地设计低碳服装。

我的设计

"衣排放"活动总评价表

活动满意度（打"√"）	优秀	良好	须努力
了解"衣排放"的概念			
能够对减少"衣排放"献计献策			
善于小组合作			
能够参与设计环保服装			

活动 3 衣服使用过程中的减排

一、活动简介

通过查询资料和小组讨论，让学生知道衣物洗涤与穿着得法就能节能减排，渗透穿"纯天然"的衣服能环保的概念。节能减排金点子活动，以及节能衣服的设计活动，不仅能让学生明确穿"纯天然"的衣服能减少工业加工或染色过程的污染物排放，而且有益于身体健康，从而激发学生学习的兴趣，树立节能减排的理念。

二、关键能力的培养

1. **前瞻性的思考与行动能力**：能源节约是减少从能源生产到消费各个环节中的损失和浪费，更加有效、合理地利用。
2. **理解与合作的能力**：以小组合作的形式培养学生与人合作、交流、表达自己意见的能力。小组讨论衣物穿着、洗涤中的节能减排，并在小组中汇报交流。

三、方法与手段

1. **交流与合作的方法**：节能减排"对对碰"、节能减排金点子。
2. **反思的方法**：通过活动，反思日常穿衣中的减排方法。

四、活动材料

1. **活动材料与工具**：一套问题和解决方案的卡片，将浪费能源的问题以及相关的解决方案写在颜色不同的卡片上。例如，夏天穿便装、男士不打领带、秋冬两季加穿毛衣等。
2. **活动任务单**：节能减排"对对碰"、节能减排金点子。
3. **活动总评价表**："衣服使用过程中的减排"活动总评价表。

五、活动方案

（一）活动时间：1课时

（二）活动过程

学生活动	教师指导要点	要求说明
一、节能减排"对对碰" 1. 学生分成两组，对不同类型的卡片进行学习。 2. 两组学生开始"对对碰"，一组出问题，另一组出合适的答案，并说明为什么。	教师设计一套问题和解决方案的卡片，将浪费能源的问题以及相关的解决方案写在颜色不同的卡片	通过问题"对对碰"的方法，培养学生前瞻性的思考与行动能力。

35

（续表）

学生活动	教师指导要点	要求说明
3. 学生还可以用卡片上没有提到的方法解决问题。	上。例如，夏天穿便装、男士不打领带、秋冬两季加穿毛衣等。	（见活动任务一）
二、节能减排金点子 金点子举例： ★ 选用节能洗衣机 ★ 衣物集中洗 ★ 洗衣机"强洗"更省电 ★ 脱水时间2分钟以内 ★ 漂洗用水再利用 ★ 分色洗涤，先浅后深 ★ 需洗物额定容量 ★ 用水量适中很重要 ★ 尽量选用无磷洗衣粉	发放卡片，让学生填写金点子。通过收集金点子，让学生了解更多的环保穿衣方法。	通过金点子活动中的交流与反思，培养学生理解与合作的能力。 （见活动任务二）

（三）活动任务

任务一：根据问题卡片，将解决方案写在黄色卡片上

1. 任务目标

结合生活实际，了解衣服使用过程中产生的碳排放。

2. 任务内容

填写"衣排放"的应对措施。

问题卡片内容

服装在生产、加工和运输过程中，要消耗大量的能源，同时产生废气、废水等污染物。我们可以做些什么？	如何使旧衣服再利用？	在洗涤时我们怎么做，才能做到节能环保？	你认为什么是"节能装"呢？

解决问题卡片

解决方法： 1 2 3 4 5	解决方法： 1 2 3 4 5	解决方法： 1 2 3 4 5	解决方法： 1 2 3 4 5

任务二：节能减排金点子

1. 任务目标

了解衣服在穿着和洗涤过程中的碳排放。

2. 任务内容

以小组为单位，讨论"衣排放"节能金点子，张贴在班级的板报上。

金点子记录表

任务单		
主题	查询的资料	金点子
衣物穿着节能减排		
洗涤节能减排		

"衣服使用过程中的减排"活动总评价表

活动满意度（打"√"）	优秀	良好	须努力
能够参与金点子和"对对碰"活动			
提出衣物洗涤和穿着过程中的减排措施			
善于小组合作			

[单元主题活动案例]

主题四：舌尖上的气候——饮食中的环保

食物的产地与来源是什么？食物与人类生产生活的关系是什么？

如何认识食物生产地与气温的关系？在全球不同的温度带生长的食物是不是一样的？

水足迹是什么？食物与水足迹的关系是怎样的？水有什么重要性？

什么是食物的碳排放？食物碳排放的标准和应对策略有哪些？

减排大餐如何制作？减排大餐的营养价值有哪些？

01　活动目录

02　活动空间

未来工作坊：物候菜园、生态暖棚

学生结合物候菜园，了解蔬菜生长的秘密，知道蔬菜生长过程中的能源消耗；利用生态暖棚，开展蔬菜生长的"水足迹"调查记录。

03　活动资源

校内合作

各学科的专业师资：美术、探究、自然等学科教师。

学校管理人员：邀请种植或养殖基地的工作人员来校讲座。

校外合作

学校食堂承包单位、蔬菜种植基地。

活动 2　水足迹

一、活动简介

理解水足迹的概念、食物与水足迹的关系，简单了解部分食物中的水足迹，体会水的重要性，尝试设计食物上的水足迹标签。通过了解食物中的水足迹，激发学生节约用水的情感。

二、关键能力的培养

1. **全球视野的感知能力**：学生研究当前的水足迹理论，了解食物与水足迹之间的关系，体会水的重要性。
2. **计划与行动的能力**：学生以小组为单位共同设计、做展示，展示有趣的水足迹标签，提醒他人引起对水资源的重视。

三、方法与手段

1. **交流与合作的方法**：生活中的水。
2. **创设情景的方法**：一桶水。

四、活动材料

1. **活动材料与工具**：PPT（水足迹的概念）、纸餐盘学习单。
2. **活动任务单**：点菜单、一桶水。
3. **活动总评价表**："水足迹"活动总评价表。

五、活动方案

（一）活动时间：1课时

（二）活动过程

学生活动	教师指导要点	要求说明
一、引入 　提问：同学们，你们一天会喝掉多少水？人体对于水的摄取，除了依靠饮用水，还依靠什么？ 　提问：同学们知不知道在食物生产的过程中，哪些环节需要用到水？	根据学生的回答，出示相关的图片，以引起学生学习的兴趣。 通过问答的方式，逐步引导学生认识"水足迹"这一概念。	教师通过几个简单的提问，引入本课的教学。
二、生活中的水 　1. 观看水足迹的背景资料。 　2. 同学们交流搜集到的有关食物水足迹的资料。 　3. 通过菜单，完成"点菜"游戏，统计一桌菜的水足迹。	询问学生在组合菜单时主要考虑了哪些因素。学生可能会说：口感、营养等因素；也有同学会考虑到水足迹这个因素。	通过观看资料和"点菜"游戏使学生了解食物与水足迹之间的关系，体会水的重要性，培养学生全球视野的感知能力。（见活动任务一）
三、一桶水 　学生以小组为单位共同设计有趣的水足迹标签并进行展示，帮助他人引起对水资源的重视。	指导学生设计水足迹标签，重在让学生感受水的重要性。	通过设计水足迹标签的方式，培养学生计划与行动的能力。（见活动任务二）

（续表）

学生活动	教师指导要点	要求说明
四、我的午餐 　1. 教师给每个学生一个纸餐盘学习单，并介绍自己是一名厨师，用PPT的方式展现一份"食物菜单"。要求学生根据自己的喜好，在任务单表格中写上自己想吃的食物。 　2. 选择完毕后，教师在PPT上显示出每一种食物的水足迹，要求学生计算出该套餐的总质量以及水足迹总量。 　3. 每位学生进行水足迹和食物质量的计算。	邀请水足迹最高者和最低者分享结果，寻找存在差异的原因。原因可能在于都选择了高水足迹的食物，或者选择的食物总量较多。 教师可以以肉类为例，给牛肉、羊肉、猪肉和鸡肉的水足迹排序，分析差异，让学生了解肉类在养殖生产中的耗水量，引发学生对于高水足迹产品的认识。	通过"食物菜单"的游戏，让学生了解日常自己喜欢吃的食物在生产中的耗水量，引发学生对高水足迹产品的认识，进而反思自我日常的饮食习惯。

（三）活动任务

任务一：点菜单

1. 任务目标

　　通过所点菜的水足迹，提醒学生在用餐过程中的节能减排。

2. 任务内容

　　先浏览菜单上的食物，然后写下希望点的食物，数量不限。点完菜之后，统计水足迹的总量。

点单水足迹统计表

	1	2	3	4	5	6	7
名称							
质量							
小计							
总计							

任务二：一桶水

1. 任务目标

　　感受水的重要性。

2. 任务内容

　　从表中任意挑选一个例子写到卡片上，将卡片挂在水龙头旁，以此感受水的重要性，同时提醒他人引起对水资源的重视。

食物，植物生长，农业	100 g 面包（2～4 片）中含有	10 桶
	人们吃到 100 g 牛肉，需要	160 桶
	100 g 烤鸡肉需要	35 桶
	生产 100 g 奶酪需要	50 桶
	产生一颗鸡蛋需要	25 桶
	一棵大的阔叶树每天需要	10 桶
日常使用	五天时间喝的水	1 桶
	浴缸装满水的话需要	15 桶
	洗一次澡需要	3～6 桶
	冲 10 次厕所（用 / 或者不用节水模式）需要	5 / 8 桶
	用流动的水刷四次牙需要	1 桶
	用杯子刷 20 次牙需要	1 桶
污染和浪费与发电需水量	一滴矿物油能够污染	10 桶
	每三秒滴一滴水的水龙头一天能浪费	1 桶
	核电站 1 个月为一个人提供电量（96 千瓦时）	31 桶
	煤电站 1 个月为一个人提供电量	99 桶
	天然气 1 个月为一个人提供电量	21 桶
	太阳能 1 个月为一个人提供电量	1 桶

"水足迹"活动总评价表

活动满意度（打"√"）	优秀	良好	须努力
知道水足迹的概念			
积极参与点餐计算水足迹的活动			
能顺利完成角色扮演			
"水足迹"标签制作			

活动 3　食物碳排放

一、活动简介

　　了解食物碳排放的概念和食物的含碳高低，以及食物碳排放对气象的影响。帮助学生养成关注日常饮食的习惯，感知食物与气候变化也存在着密切的关系。

二、关键能力的培养

1. **反思生活方式的能力：**通过食物碳排放排序，让学生从食物中选取"碳足迹"较低的食物，就可以有效降低对全球变暖的影响。
2. **激励自己和他人的能力：**通过电子小报设计，呼吁家庭关注食品中的减能减排。

三、方法与手段

交流与合作的方法：碳排放排序。

四、活动材料

1. **活动材料与工具**：PPT（碳排放的定义、不同食物的碳排放量）、16开白纸。
2. **活动任务单**：以食物含碳量为专题，做一份小报。
3. **活动总评价表**："食物碳排放"活动总评价表。

五、活动方案

（一）活动时间：1课时

（二）活动过程

学生活动	教师指导要点	要求说明
一、引入 学生讨论日常生活中哪些设施设备有碳排放的产生。	提问：同学们觉得在我们的日常生活中，哪些设施设备在使用过程中会有碳排放？	通过讨论，反思自己的生活方式，了解生活中产生碳排放的途径。
二、食物碳排放量排序 学生讨论并选择出十种食物，将含碳量由高到低进行排序。 100 g 猪肉　1.3 kg 100 g 牛肉　1.8 kg 100 g 鸡肉　1.1 kg 100 g 青菜　0.2 kg 100 g 土豆　0.6 kg 100 g 西红柿　0.4 kg 100 g 甘蔗　0.55 kg 100 g 苹果　0.4 kg 100 g 山药　0.35 kg 100 g 笋　0.43 kg	通过了解不同食物的碳排放，引导学生低碳饮食。 总结：在日常生活中，只要在可提供相同营养的食物中选取"碳足迹"较低的食物，就可以有效降低对全球变暖的影响。让我们从"吃"开始，减少碳排放，保护人类共同的家园！	通过讨论、小报的制作，提高学生反思生活方式的能力。 （见活动任务一）
三、我理解的食物碳排放量 与父母交流自己学习"食物碳排放"的感受。 提问："民以食为天"，食物的温室气体排放对全球变暖的影响巨大。那么，我们该怎么吃才能降低"碳足迹"呢？	启发学生从"吃"开始，减少碳排放，保护人类共同的家园。	通过与家长的交流来激励自己和他人。 （见活动任务二）

（三）活动任务

任务一：以食物含碳量为专题，做一份小报

1. 任务目标

通过小报了解食物中的碳排放。

2. 任务内容

完成一份"食物含碳量"小报的制作。

任务二：学习感受

1. 任务目标

通过和父母交流，加深对学习内容的理解。

2. 任务内容

与父母交流自己学习食物含碳量的感受，写 100 字左右的小结。

"食物碳排放"活动总评价表

活动满意度（打"√"）	优秀	良好	须努力
知道食物碳排放的概念			
能够对部分食材的碳排放量进行排序			
完成电子小报			
和父母交流食物碳排放			

活动 5　家庭蔬菜种植创意设计

一、活动简介

让学生在教师、家长的带领下进行种植蔬菜的体验活动。通过蔬菜种植活动，帮助学生认识蔬菜，了解蔬菜种植的一些基本知识，探究蔬菜的营养价值，学习科学食用蔬菜的初步知识。了解植物的生长过程、营养价值、食用方法以及种植方法等。

二、关键能力的培养

1. **前瞻性的思考与行动能力**：通过蔬菜种植活动，帮助学生认识蔬菜，了解蔬菜种植的一些基本知识，探究蔬菜的营养价值，学习科学食用蔬菜的初步知识。

2. **计划与行动的能力**：通过参与蔬菜的种植增强学生的实践操作能力。

三、方法与手段

1. **创设情景的方法**：低碳种植。
2. **交流与合作的方法**：围绕"蔬菜"这个主题提出问题，并对问题的答案进行讨论和归纳。

四、活动材料

1. **活动材料与工具**：PPT（低碳种植方法介绍）、蔬菜种子和可移植的蔬菜。
2. **活动任务单**：蔬菜种植记录、小报制作。
3. **活动总评价表**："家庭蔬菜种植创意设计"活动总评价表。

五、活动方案

（一）活动时间：1课时

（二）活动过程

学生活动	教师指导要点	要求说明
一、引入 你知道的蔬菜作物有哪些？蔬菜是怎么来的？	准备常见蔬菜作物的照片或实物。	了解身边常见、常吃的蔬菜种类及其来源。
二、认识蔬菜作物 1. 参观学校的菜园。 2. 识别各种蔬菜作物。	带领学生到学校的物候菜园去参观。请菜园的负责老师与高年级学生为大家介绍这些蔬菜作物的种植方法。	以创设情景的方式，让学生直观感受蔬菜的种植。
三、我是蔬菜小画家 1. 参观完毕，学生讨论，说出自己最喜欢什么蔬菜，以及它们的外形、颜色、特征等。 2. 画一幅最喜欢的蔬菜的图画。	引导学生通过绘画的方式，加深对蔬菜的认知。	通过绘画的方式，加深对蔬菜的认识。
四、蔬菜小知识 1. 根据提出的问题，和同学们一起进行归类整理，确定几个重点探究的课题，作为本次活动的子课题。 2. 小组合作完成表格。	介绍蔬菜的相关知识。 ★ 蔬菜的种类 ★ 蔬菜的种植方法 ★ 蔬菜病虫危害与防治 ★ 蔬菜的价格 ★ 蔬菜的营养成分 ★ 蔬菜的烹饪方法	通过了解蔬菜种植的基本知识，探究蔬菜的营养价值，培养学生前瞻性的思考与行动能力。
五、我是低碳种植小能手 1. 认识蔬菜作物。 2. 了解蔬菜的基本特征。 3. 根据表格总结，选择自己最喜欢的蔬菜进行种植。	引导学生通过小报的形式，把	通过创设种植情景，培养学生计划与行动的能力。 （见活动任务一）

（续表）

学生活动	教师指导要点	要求说明
（1）了解种植方法。 （2）亲自种植蔬菜。 （3）学会管理。 　4.结合自己的种植,留下文字和照片资料,制作一份"蔬菜种植"小报。	过程性的探究资料呈现给大家。	通过创作和美化一份小报,培养学生跨学科的学习能力。 （见活动任务二）

（三）活动任务

任务一: 蔬菜种植记录

1. 任务目标

种植并了解不同蔬菜的营养成分。

2. 任务内容

种植并记录蔬菜成长的相关数据。

蔬菜种植记录表

名称	种植方法	气温、气候的记录	病虫危害与防治	价格	营养成分	烹饪方法
青菜						
土豆						
芹菜						
茄子						
萝卜						

任务二: 小报制作

1. 任务目标

通过制作小报,了解蔬菜的价值。

2. 任务内容

以蔬菜种植为专题,做一份小报。

"家庭蔬菜种植创意设计"活动总评价表

活动满意度（打"√"）	😊 优秀	😐 良好	😟 须努力
认识菜园中的蔬菜			
能够重点突出地绘画蔬菜			
完成蔬菜的种植，填写记录表			
顺利完成"蔬菜种植"小报			

单元主题活动案例 👆

主题五：家庭"碳锁者"——住宅中的环保

节水的重要性是什么？

电在生活中有什么重要性？

日常生活中有哪些浪费电的现象？

煤气的来源是什么？怎样节约煤气呢？

智能家居、家电有哪些种类？怎样设计？

如何进行垃圾分类？

01 活动目录

活动 1　实用节水、创意节水

活动 2　实用节电、创意节电

活动 3　节约煤气

活动 4　智能家居设计

活动 5　垃圾的再利用

02 活动空间

　　充分利用家、校、社的资源：校园的学习场、节水设施；家中的节水器具、计量设备；社会中的自来水厂、垃圾分类集中点等场所。学生学习相关的节约能源的知识，了解减缓气候变化的各种行为方法，以行动为导向，实现所学知识和所培养能力的迁移与可持续运用。通过各种数据量化的活动设计，发现问题，落实行动。

03 活动资源

校内合作

各学科的专业师资：数学、语文、自然等学科教师。

学校管理人员：校园中的节水设施更换。

校外合作

家长志愿者、学生家庭。

活动 1　实用节水、创意节水

一、活动简介

能够通过本活动初步知道水资源的相关知识，包括世界水资源缺失、水资源污染等，了解已经在使用的节水方法，培养学生节约用水和环境保护的意识。

二、关键能力的培养

1. **反思生活方式的能力**：通过学习，学生感受到"节约用水"的现实性和迫切性，增强"节约用水"的责任意识。
2. **激励自己和他人的能力**：讨论节水方法、节水器具的设计，鼓励他人做到日常节水。

三、方法与手段

交流与合作的方法：节水方法讨论。

四、活动材料

1. **活动材料与工具**：节约用水宣传片、全球水量余缺示意图、16 开白纸。
2. **活动任务单**：根据数据绘制适合的统计图、家庭节水金点子、家庭节水情景剧。
3. **活动总评价表**："实用节水、创意节水"活动总评价表。

五、活动方案

（一）活动时间：1 课时

（二）活动过程

学生活动	教师指导要点	要求说明
一、引入 1. 学生观看世界缺水情况的相关照片（土地干裂、池塘干涸、树木干枯、儿童饮用被污染的水）。 2. 小组内每位学生说说自己看了照片后的感想，然后小组选代表在班级里进行交流。 3. 计算：如果 1 个水龙头按每秒钟滴 2 滴水，平均每 20 滴水为 1 毫升来计算，一小时将流失多少毫升水？	我们身边的很多人，认为水是取之不尽、用之不竭的，没有危机感，生活中浪费水的现象随处可见。请大家回忆一下都有哪些浪费水的现象。 教师：演示滴落 1 滴水，请学生估计一下，这 1 滴水大约多少毫升？	通过观看照片和讨论交流的方式引入课程内容，让学生了解目前地球上水资源的匮乏。
二、讨论研究 1. 学生自由猜测。 2. 结合生活实际。 3. 了解缺水情况。	提供数据，指导学生绘制统计图。	通过教师提供的数据，绘制一份统计图，促使学生反思自己的生活方式。

（续表）

学生活动	教师指导要点	要求说明
（1）根据统计表中的数据，绘制折线统计图或条形统计图。 （2）观察自己绘制的统计图，说说发现了什么。	引导学生观察和交流。	（见活动任务一）
三、节水方法讨论 分组讨论：家庭生活中有哪些节水方法？	组织开展金点子接龙。 提示学生，可以回想家庭其他成员的用水方式。	通过节水金点子的讨论，培养学生激励自己和他人的能力。 （见活动任务二）
四、浪费水行为的动作猜谜游戏 1. 教师把学生罗列的浪费水的现象写在纸条上。 2. 每个小组选择一张纸条，编排并表演一个哑剧来演示纸上所写的行为。 3. 其他小组进行猜测。 4. 猜对的小组编排表演一个相左的哑剧来表示对它的纠正。	让学生玩"浪费水行为的动作猜谜"。参考在准备中学生提出的浪费水的习惯（不关水龙头，不必要时冲厕所，用软管冲洗人行道，让水龙头滴水，花很长时间淋浴），把这些行为写在纸条上。把全班分成若干小组，给每个小组一张纸条。每个小组要编排并表演一个情景剧来演示纸上所写的行为。当有一组猜到他们的行为时，那一组也必须编排表演一个相左的情景剧来表示对它的纠正。	小组合作表演情景剧，让学生进一步反思自己的生活方式。 （见活动任务三）

（三）活动任务

任务一：根据数据绘制适合的统计图

1. 任务目标

学会绘制统计图，并能够从中发现水资源的重要性。

2. 任务内容

根据相关数据绘制统计图，说说从统计图中发现了什么。

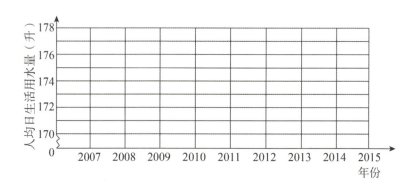

（1）根据统计表中的数据，绘制折线统计图或条形统计图。

2007—2015 年中国城市人均日生活用水量（单位：升）

年份	2007	2008	2009	2010	2011	2012	2013	2014	2015
用水量	178.39	178.19	176.98	171.43	170.94	171.79	173.51	173.73	174.46

（2）观察折线统计图，说说你发现了什么，我们该怎样节约使用每一滴水。

任务二：家庭节水金点子

1. 任务目标

用环保的理念关注水资源的保护。

2. 任务内容

说说家庭成员围绕节水能够做些什么。

节水行动记录表

我可以做到的	
爸爸可以做到的	
妈妈可以做到的	
爷爷可以做到的	
奶奶可以做到的	

任务三：家庭节水情景剧

1. 任务目标

通过情景演绎来关注用水问题，保护水资源。

2. 任务内容

用情景剧的方式演绎家庭节水的故事。

选择一个浪费水的现象编排情景剧：

剧本：

"实用节水、创意节水"活动总评价表

活动满意度（打"√"）	😀 优秀	😊 良好	😟 须努力
乐于和他人交流			
能想出足够多的节水金点子			
善于和他人合作编排剧本			
哑剧表演合理			

活动 2　实用节电、创意节电

一、活动简介

　　活动通过生活中的实际事例进行导入，使学生清楚地认识到电在生活中的重要性，然后让学生通过举例来说说日常生活中浪费电的一些现象，利用已有的数学知识进行相关的计算，从而引导学生更好地节约电，增强节电的意识，寻找一些节电的小窍门和节电的金点子。

二、关键能力的培养

1. **反思生活方式的能力**：学生清楚地认识到电的重要性，了解日常生活中浪费电的一些现象，从而增强节约用电的意识。
2. **激励自己和他人的能力**：寻找节电小窍门，推广节电金点子。

三、方法与手段

　　交流与合作的方法：讨论浪费电的情况，并制定节电措施。

四、活动材料

1. **活动材料与工具**：各种家用电器的图片、16 开白纸。
2. **活动任务单**：绘制思维导图、家用电器功耗记录、制定节电方案。
3. **活动总评价表**："实用节电、创意节电"活动总评价表。

五、活动方案

（一）活动时间：1 课时

（二）活动过程

学生活动	教师指导要点	要求说明
一、引入 观察出示的家用电器的图片，它们共同的特点是什么？ 学生想象、讨论，用思维导图的形式呈现。	通过思维导图，指导学生发散性思考，感悟电能的重要性。	通过交流与合作完成思维导图，促使学生反思自己的生活方式。 （见活动任务一）
二、了解浪费电的情况 1. 有时放学忘了关灯，一个晚上没人，会浪费很多电。 2. 睡觉时不关灯也浪费很多电。 3. 电视一开就是一天，没有人看也开着，白白浪费电。	1. 我们在学校、家中有哪些需要用电的地方？ 2. 请同学们想一想在我们用电时有哪些浪费的现象。让学生举例。	完成家用电器功耗记录，促使学生反思自己的生活方式。 （见活动任务二）
三、多媒体课件出示活动指南 1. 调查自己家中常用电器的功率。 2. 连续三天记录家中各种电器的使用时间。 3. 调查居民用电的电费标准。 4. 制作并完成家庭用电情况调查表。 5. 搜集节约用电方面的小知识和小窍门。	指导学生找到电器的铭牌，拍照或用表格记录；合理设计表格，记录各种电器的使用时间。	
四、制定措施 根据调查结果，针对浪费电的现象提出解决方案。	总结：不积跬步，无以至千里；不积小流，无以成江海。请同学们一起从身边小事做起，从节约每一度电做起，为节约用电作出贡献。	交流合作，制订一份节电计划，培养学生激励自己和他人的能力。 （见活动任务三）

（三）活动任务

任务一：绘制思维导图

1. 任务目标

感受电的重要性。

2. 任务内容

绘制思维导图，呈现没有电的生活（图形可以扩展）。

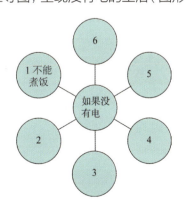

任务二：各种家用电器的功耗记录

1. 任务目标

通过观察，了解家用电器的总功耗。

2. 任务内容

统计填写家用电器功耗表。

家用电器功耗表

电器名称	电压	功率	电器名称	电压	功率

任务三：制定节电方案

1. 任务目标

学会有计划、有行动地开展家庭节电。

2. 任务内容

召开家庭会议，制定一个家庭节电方案并实施。

我的家庭节电方案

"实用节电、创意节电"活动总评价表

活动满意度（打"√"）	优秀	良好	须努力
乐于和组员讨论			
能够准确记录家用电器的功耗			
想出足够多的节电金点子			
制定一个合理的节电方案			

活动 5　垃圾的再利用

一、活动简介

让学生了解垃圾分类的知识，并且让学生分组，对部分垃圾的利用进行操作，培养学生的动手能力以及团队合作能力。了解垃圾的分类、垃圾的处理、垃圾的正确利用。帮助学生养成垃圾分类习惯，懂得关注垃圾分类也是在关注生活。

二、关键能力的培养

1. **反思生活方式的能力**：了解垃圾的分类，反思自己处理垃圾的方式，进而养成垃圾分类的习惯。
2. **跨学科的工作能力**：通过探究调查，为废旧物品回用设计做好前期工作。

三、方法与手段

反思的方法：思考如何对垃圾进行分类以及如何回收利用。

四、活动材料

1. **活动材料与工具**：各种手工制品、PPT（垃圾分类介绍）。
2. **活动任务单**：制作垃圾分类表、"宝贝资源我来收"错误登记表、环保再利用小设计。
3. **活动总评价表**："垃圾的再利用"活动总评价表。

五、活动方案

（一）活动时间：1 课时

（二）活动过程

学生活动	教师指导要点	要求说明
一、引入 垃圾就是放错地方的"宝贝"。正确的分类回收，可以节能减排、节约资源。	垃圾分类介绍：有害垃圾、干垃圾、湿垃圾、可回收物。 事先派同学做一次调查活动，调查废品回收都回收些什么以及物品回收后有什么用处。	通过填写垃圾分类表，提高学生反思，生活方式的能力。 （见活动任务一）
二、宝贝资源我来收 我们了解了垃圾如何分类之后，一起来做个游戏吧！请 4~6 人轮流说垃圾的名称，另外一组 4 名同学分别担任"可回收物桶""干垃圾桶""湿垃圾桶""有害垃圾桶"，当说到相应的垃圾后，"垃圾桶"要站起来表示接收这种垃圾。	请老师做裁判，记录"垃圾桶"站起来时是否正确，并记录错误次数。每次以 3 分钟计时，统计好正确率之后，两组调换角色。最后看哪一组胜出。	通过游戏的方式，促进学生对垃圾分类的理解。 （见活动任务二）

（续表）

学生活动	教师指导要点	要求说明
三、垃圾种类配对 1. 向学生解释此部分关注 PET 塑料的循环利用，学生将作为"塑料"体验整个循环利用的过程。 2. 将学生集合到"起始站—回收"，此处有一个"PET 塑料循环利用"的盒子。 3. 学生需要排成一列长队，距离盒子 2 米左右。 4. 学生先观察一下瓶盖上的颜色，然后将盖子取下来拿在手上，将瓶子扔到"PET 塑料循环利用"盒子里。如果学生成功将瓶子扔到盒子里，那么他可以到"站点 2—循环利用中心"；如果学生没有扔进，那么他需要到队伍的最后面重新排队扔瓶子。当每个学生都扔过一次后，将盒子移到离学生近一些的地方。	解释盒子靠近的意义。在有的社区，循环利用比较简单，你只要将垃圾拿到路边的循环利用分类桶中即可；但是有的社区，就需要人工对回收的垃圾进行分类，然后运输到回收点。如果没有循环利用，把 PET 塑料当作垃圾进行统一填埋，也比随意丢弃在环境中对动植物、人类和环境产生威胁来得有益。	通过游戏的方式让学生感受 PET 塑料的循环利用。
四、垃圾回收利用 1. 垃圾回收调查小组的汇报。 2. 分小组讨论。 利用回收到的废旧物品，可以做些什么？ ★ 小组合作讨论。 ★ 分工制作。 ★ 实践创新。 3. 各组汇报本组的作品，并选取几件作品详细介绍创意和制作过程。 4. 评一评，比一比，谁是废物利用的小能手？ 5. 优秀作品展示。	通过再设计、再利用的活动，让学生知道垃圾不都是废物，其实绝大多数垃圾还是宝贝。	指导学生完成废旧物品的再设计，培养学生跨学科的工作能力。 （见活动任务三）

（三）活动任务

任务一：垃圾分类表

1. 任务目标

了解生活中常见垃圾的分类，反思自己处理垃圾的方式。

2. 任务内容

对生活中常见的各种垃圾进行分类，填写垃圾分类表。

垃圾分类表

可回收物	有害垃圾	干垃圾	湿垃圾

（如废电池、废电灯泡、瓜果皮、塑料罐、玻璃瓶、废纸、过期药品等。）

任务二："宝贝资源我来收"错误登记表

1. 任务目标

通过游戏的方式，增强对垃圾分类的理解。

2. 任务内容

通过游戏，完成各组错误次数的统计。

第一组错误次数	第二组错误次数

任务三：废旧物品再设计

1. 任务目标

通过探究调查，完成废旧物品的回收设计。

2. 任务内容

根据调查结果和废旧物品的设计要求完成任务单。

设计表

小组成员家里产生最多的废旧物品有哪些？	
家里或者学校需要哪些有实用价值的小物件？	
如何进行联系？	
我们的设计思路	
设计草图	

"垃圾的再利用"活动总评价表

活动满意度（打"√"）	优秀	良好	须努力
乐于和组员讨论			
合作参与分类游戏			
主动完成调查任务			
设计废物再利用物件			

绿色学堂

[单元主题活动
案例]

主题六：出行可以更绿——出行中的环保

不同的出行方式与人类生产生活的关系是什么？

你会设计出行方式的调查问卷吗？

如何正确选择交通工具和交通路线，做到环保出行、节能减排？

你会查找公交线路吗？

什么是"零排放的等待"？你能做到吗？

如何推广"零排放的等待"这个理念？

01 活动目录

02 活动空间

说出不同的出行方式与人类生产生活的关系，初步学会设计调查问卷的方法，设计出行方式的调查问卷，并开展实践活动。

学会正确选择交通工具和交通路线，做到环保出行、节能减排。初步掌握查找公交线路的方法。

想办法从自己做起，做到"零排放的等待"，并学会推广这个理念，说动周边的人。

03 活动资源

校内合作

各学科的专业师资：数学、语文、自然等学科教师。

学校管理人员：提供相关信息设备。

校外合作

家长志愿者、学生家庭。

活动 1　出行方式问卷调查设计

一、活动简介

不同的出行方式对环境污染的程度各不相同。通过计算，认识到低碳出行的好处，并倡导大家绿色出行。能举例说出不同的出行方式与人类生产生活的关系，初步学会设计调查问卷的方法，设计出行方式的调查问卷，并开展实践活动。帮助学生养成关注出行方式的习惯，懂得关注绿色出行也是在关注生活。

二、关键能力的培养

1. **反思生活方式的能力**：通过设计出行方式的调查问卷，反思自己的出行方式，养成关注出行方式的习惯。
2. **计划与行动的能力**：通过绿色出行的学习，能够在日常生活中践行。

三、方法与手段

交流与合作的方法：小组设计出行方式的调查问卷。

四、活动材料

1. **活动材料与工具**：视频《城市交通压力》、16 开白纸。
2. **活动任务单**：家人出行方式调查、出行方式的调查问卷设计。
3. **活动总评价表**："出行方式问卷调查设计"活动总评价表。

五、活动方案

（一）活动时间：1 课时

（二）活动过程

学生活动	教师指导要点	要求说明
一、观看视频 观看《城市交通压力》的视频。	提问：对于生活在这样的环境下的我们，大家有什么想法吗？	直观了解绿色出行的必要性。
二、出行方式探讨 通过学生的测算，讨论哪种出行方式，既给大家带来经济利益，又环保。 媒体出示： ★ 每辆汽车平均每千米排放 106 克二氧化碳。 ★ 每辆汽车平均每千米所花费的油钱约为 0.8 元。 ★ 小明的爸爸从家到单位 10 千米，如果全年按 245 个工作日计算，一年上下班行驶多少千米？排放多少二氧化碳？所花费的油钱约为多少元？ ★ 若小明的爸爸每天乘地铁上下班，他一天所花费的车费为 6 元。 （同桌讨论、交流）	提问：根据上面的信息，你们发现了什么？	通过计算和比对，了解哪一种出行方式更环保。
三、家人出行方式调查 了解并展示家庭成员的出行方式，解释为什么要采取这种出行方式。	通过实物投影把学生的调查向大家展示，并负责解说。 根据家庭成员人数的不同，学生可自行修改表格。	通过统计家庭成员的出行方式，提高学生反思生活的能力。 （见活动任务一）

（续表）

学生活动	教师指导要点	要求说明
四、设计出行方式的调查问卷 1. 展示作品。 ★ 展示优秀指导语。 ★ 展示优秀问卷核心内容。 ★ 展示优秀结束语。 2. 利用课余时间，通过网络问卷平台，把题目在平台上编辑，并分享给他人，开展问卷调查。	调查问卷的基本结构： 1. 指导语：在问卷之首，它在问卷中起的作用是沟通调查者与被调查者之间的联系，使问卷的填写工作能够顺利进行，以期达到调查目的。 2. 问题：问卷的核心内容。 3. 结束语：内容是对答卷人表示感谢，或对问卷加以简短的评价。	设计调查问卷，根据调查得出相关结论，培养学生计划与行动的能力。（见活动任务二）

（三）活动任务

任务一：家人出行方式调查

1. 任务目标

反思自己的出行方式，养成关注出行方式的好习惯。

2. 任务内容

统计家庭成员的出行方式。

家庭成员出行方式记录表

出行方式＼人物	妈妈	我	爸爸
地铁			
步行			
公交车			
私家车			
自行车			

任务二：出行方式的调查问卷设计

1. 任务目标

学会设计调查问卷，并通过问卷了解出行方式的若干问题。

2. 任务内容

设计关于出行方式的调查问卷。

问卷设计表

问卷主题

指导语：
问题：
1.
A　　　　B　　　　C　　　　D
2.
A　　　　B　　　　C　　　　D
3.
A　　　　B　　　　C　　　　D

结束语：

"出行方式问卷调查设计"活动总评价表

活动满意度（打"√"）	优秀	良好	须努力
乐于和组员讨论			
合作参与分类游戏			
能够设计问卷			
利用信息化工具分享问卷、采集数据			

活动 4　拼车出行辩论赛

一、活动简介

　　拼车是有同一目的地或可以顺道路过的人，搭同一辆车出行的行为。拼车方式也有多种形式，如出租车拼车和自驾游拼车或在顺道的情况下搭乘别人的车。当今社会，随着人口的增多，出行方式也变得多种多样，拼车这一方式，逐渐被大家接受、采用。越来越多人采取拼车这一方式出行，其利弊问题也被广泛讨论。

二、关键能力的培养

1. **理解与合作的能力：**在辩论过程中，引导学生在阐述自己观点的时候也要能理解对方的观点，作为同一阵营的辩友需要互相帮助，共同合作。
2. **公正与团结的能力：**公正地评判拼车的利弊；团队协作完成辩论。

三、方法与手段

1. **交流与合作的方法**：拼车出行辩论赛。
2. **反思的方法**：拼车后时代的讨论。

四、活动材料

1. **活动材料与工具**：16 开白纸、多媒体。
2. **活动任务单**：论点列举。
3. **活动总评价表**："拼车出行辩论赛"活动总评价表。

五、活动方案

（一）活动时间：1 课时

（二）活动过程

学生活动	教师指导要点	要求说明
一、拼车新词大讨论 　学生记录讨论过程，根据讨论过程，阐述观点，初定自己加入正方还是反方。	今天你拼车了吗？在家庭中开展讨论，你的父母和亲朋好友中有多少人尝试过拼车？感觉怎么样？	
二、拼车出行辩论赛 正方预设论据： 反方预设论据： 学生分组讨论各自的预设论据。 举例： 正方：对于民众来说，拼车出行较不拼车出行可以节约钱财，带来便利，而且更舒适。 反方：拼车引发社会矛盾，现在很多打车软件，让传统的出租车司机面临生意惨淡的窘境。	引导学生根据自己所在的立场，完善自己的观点资料，同时也要考虑对方可能会用什么方式来反驳。 注意控制辩论时间，控制辩手情绪。	通过信息查询，收集资料，开展辩论，培养学生的理解与合作以及公正团结的能力。（见活动任务）
三、拼车的基本效益 　学生分组出题：学生扮演老师的角色，为其他小组顺位出题。 　例如一组的题目为：如果一司机从浦东到浦西，只接待一人需要付 100 元，但拼车后可以坐四人，其中三人分别是从中间和 1/4、3/4 的位置上车的，请问剩下三个人各需要付多少钱？（题目由学生拟定，但主要可以经济数学计算为主） 　每组学生都可以计算其他组的题目，看看结果是否正确。	组织讨论：这样的拼车出行，给顺路司机带来怎样的经济利益？给拼车的群众带来怎样的实惠？ 总结：如今，空气污染越来越严重，汽车尾气的排放是很重要的一个因素。而拼车出行可以提高汽车利用率，缓解交通压力。拼车出行可以帮助人们扩大交际圈，拉近人与人之间的距离。拼车让一部分搭车人放弃购车计划，从根本上减轻了城市交通压力。	通过计算的方式，直观感受拼车带来的基本效益。

（续表）

学生活动	教师指导要点	要求说明
四、拼车后时代的讨论 现在拼车遇到监管，甚至被抓、被罚，被贴上不安全的标签，你仍然愿意选择吗？ 进行一次"拼车后时代"街边随机采访。 您有车，您愿意做拼车司机吗？ 如果您没车，您愿意和别人有偿拼车吗？	引发思维冲突，组织学生开展讨论。	有冲突才会有思维的碰撞，通过讨论促进学生的反思。

（三）活动任务

任务：论点列举

1. 任务目标

通过列举论据，培养公正与团结的能力。

2. 任务内容

各自选择观点，并为己方的观点寻找尽可能多的论据。

"拼车出行辩论赛"活动总评价表

活动满意度（打"√"）	优秀	良好	须努力
能够帮助友方，提出有力的论据			
善于组织语言，用论据驳斥对方			
在讨论中能提出有价值的问题			
有自己的主见和思维方式			

活动 5　解决拥堵创意设计

一、活动简介

城市拥堵，是一个全球化的问题，同时也造成很大的能源浪费。造成车辆拥堵的原因很多，如车辆发展与道路发展不协调，各类机动车混合行驶，道路被严重占用，行人乱穿马路，等等。面对交通拥挤、交通事故较多这两大问题，引导学生思考道路拥堵的现实问题，结合学生的生活实际设计解决方案。让活动深入学生的生活当中，让学生从外化逐步过渡为内化，从内心深处体会出一些做人的准则，掌握解决实际问题的能力。

二、关键能力的培养

1. **前瞻性的思考与行动能力**：面对交通拥挤、交通事故较多这两大问题，引发学生思考，想办法使交通带来的不利影响减少到最低程度。

2. **计划与行动的能力**：初步设计解决拥堵的方案，并能够自我实施。

三、方法与手段

1. **创设情景的方法**：当遇到高速公路堵车想要了解什么，研究什么。

2. **交流与合作的方法**：四人小组讨论，畅想绿色交通创设情景的方法。

四、活动材料

1. **活动材料与工具**：16 开白纸、视频《高速公路堵车》、PPT（国外的一些出行方式）。

2. **活动任务单**：畅想绿色交通（绘画／作文／列表／方案）。

3. **活动总评价表**："解决拥堵创意设计"活动总评价表。

五、活动方案

（一）活动时间：1 课时

（二）活动过程

学生活动	教师指导要点	要求说明
一、创设情景 学生观看：高速公路上堵车的录像。 提出想要了解的内容或者想要研究的内容。	同学们，长假时我们外出旅游，高速公路上的交通情况如何？	发现问题，引发思考。
二、了解拥堵的坏处 & 解决拥堵创意设计 在小组中开展讨论：在堵车时，若你是司机，你的感觉怎么样？若你是乘客，你的感觉怎么样？ 司机的感受： 乘客的感受：	指导学生站在不同的角度，思考不同角色的感受。	通过创设情景的方式，了解不同角色在堵车时的感受，培养学生前瞻性的思考能力。（见活动任务一）
三、四人小组讨论，畅想绿色交通 学生通过绘画、作文等方式设计、畅想绿色交通（交通工具、交通设备）。 小组讨论后，共同交流分享绘画和作文。	教师一边巡视指导，一边鼓励学生创新。 指导学生可以通过改变方法、改变规则、改变工具、改变设备等方式来策划自己的绿色交通。	通过讨论合作，小组完成绿色交通畅想图，培养学生的行动能力。（见活动任务二） 了解国家层面各个地区为解决交通拥堵采取的措施，培养学生的行动能力。

（续表）

学生活动	教师指导要点	要求说明
四、课后拓展活动 游戏：串珠子（畅通的天数用绿色珠子表示，拥堵的天数用红色珠子表示）。 分组开展小调查：学校附近的_____路，在最近两周内畅通的天数为_____天，拥堵的天数为_____天，拥堵的原因是_____。	指导学生进行游戏，通过游戏激发学生的学习兴趣，活跃课堂气氛。	通过一起参与"串珠子"游戏，直观感受附近交通的拥堵程度。
五、总结 通过这节课的学习，我们懂得交通的发展，也会给社会带来负面影响；畅想绿色交通，知道汽车的发展，要建立在保护环境和节能的基础上。希望大家树立环境保护意识，做到文明出行。	引导学生总结反思，思考今后可以如何文明出行。	总结提升，交流分享。

（三）活动任务

任务一：堵车时的角色感受

1. 任务目标

通过换位思考，感受城市拥堵的现状和问题。

2. 任务内容

填写堵车时司机和乘客的感受。

不同角色的感受记录表

角色	感受
司机	
乘客	

任务二：畅想绿色交通

1. 任务目标

通过绘画（或作文、列表等）让学生畅想绿色的交通。

2. 任务内容

完成绿色交通畅想画。

我的绿色交通畅想画

"解决拥堵创意设计" 活动总评价表

活动满意度（打"√"）	优秀	良好	须努力
能切实感受司机和乘客的感受			
善于讨论、乐于合作			
合作完成绿色交通创意设计			
对解决拥堵发表独特的见解			

第二篇

护水小达人

"环境保护"是一个内涵非常丰富的主题。"环境"一词是针对人类生活的周边空间而言的,主要指大气环境、水环境、土壤环境和声环境等。在人类社会进入工业化以后,许多国家和地区都出现了大气污染、水污染、土壤污染和噪声污染等环境问题。中国的许多城市与农村也都存在环境污染问题。不同地区的环境污染问题是否一样?大气污染、土壤污染、水污染发生的地区是否一样?造成污染的原因是否相同?除此之外,是否还有其他的污染存在?学校在选择这一主题时,需要针对本校周边的突出问题,确定具体的环境问题而展开学习和活动过程。只有贴近学生生活实际,才能使学校环境教育获得有效的结果。

01 主题内容

本篇课程内容为"护水小达人",制定了"知水""懂水""爱水""护水""画水""节水"等活动主题。

02 总体目标

学生通过本模块的学习,将了解水的三态变化、水循环形成的内因、水循环的分类等知识,将知道水循环是多环节的自然过程,水循环对地球环境带来的主要作用,水资源对人类的贡献和意义,以及水资源与艺术及人文社会等学科的关联。同时,学生将通过网络查找、互动游戏、实验操作等丰富的实践活动体验与水循环相关的神奇的自然现象,进一步思考自己的用水行为习惯,从而改变一些习以为常的用水习惯,或寻找改变的方法,养成节水习惯。培养学生保护水资源的全球视野和意识,帮助学生认识与家庭、社区生活相关联的国际、社会、经济之间的关系。

03 课标要求

《中小学环境教育实施指南》

2.2.1.2 关爱和善待他人,能积极、平等、公正地与他人合作,尊重不同的观点与意见,尊重文化的多样性。

2.2.2.2 识别家庭、学校和社区的环境问题,并设计、实施和评价解决方案。

2.2.3.1 知道人对环境的依赖,反思个人生活对环境的影响。

3.1.1 认同公民的环境权利和义务,积极参与学校和社区保护环境的行动,对破坏环境的行为敢于批评。

《中小学综合实践活动课程指导纲要》

1.2.1　本课程强调学生综合运用各学科知识，认识、分析和解决现实问题，提升综合素质，着力发展核心素养。

1.2.4　本课程要求突出评价对学生的发展价值，充分肯定学生活动方式和问题解决策略的多样性，鼓励学生自我评价与同伴间的合作交流和经验分享。

2.2.1.3　能在教师的引导下，结合学校、家庭生活中的现象，发现并提出自己感兴趣的问题。

04 评价方式

形成性评价、终结性评价和表现性评价。

课程设计

后续的单元主题活动案例为本篇课程设计内容的节选，具有一定的代表性。较全面地诠释了环境教育活动课程设计的思路以及"主题内容"与"单元主题"和每一个"活动"之间的逻辑关联，同时也体现了每个活动学习过程的具体设计，可供参考。

课程名称	护水小达人 关键词：水的组成　水循环　水的分布　水的利用		
学　段	小学四年级	课时量：30 课时 (35 分钟 / 课时)	
		时　间：一学年	

活动内容

单元主题	活　动	课时数	关键能力	方法与手段	
一、知水	活动 1　魔域星球上有水吗	1	前瞻性的思考与行动能力	专业性的工作方式	观察体验
	活动 2　我是超人小水珠	1	理解与合作的能力	创造性的方法	全身运动
	活动 3　水分子运动操	1	全球视野的感知能力 跨学科的工作能力	创造性的方法	团队活动
	活动 4　一起来玩吧	1	反思生活方式的能力 计划与行动的能力	交流与合作的方法 专业性的工作方式	实验
	活动 5　水奥运	1	公正与团结的能力	创设情景的方法	竞技比赛

（续表）

单元主题	活　　动		课时数	关键能力	方法与手段	
二、懂水	活动1	生命盒子	1	全球视野的感知能力 跨学科的工作能力 前瞻性的思考与行动能力	创造性的方法 专业性的工作方式 反思的方法	展示叙述
	活动2	生命瓶子	1	理解与合作的能力	创造性的方法	动手操作
	活动3	水做的身体	1	全球视野的感知能力 跨学科的工作能力 前瞻性的思考与行动能力	创设情景的方法 创造性的方法 应用各种媒体的手段	探索实践
	活动4	缓解口渴	1	前瞻性的思考与行动能力	专业性的工作方式	团队比赛
	活动5	茁壮成长的细菌	1	理解与合作的能力	行动指向的方法	互动游戏
三、爱水	活动1	看我七十二变	1	前瞻性的思考与行动能力	创设情景的方法	展示活动
	活动2	蓝色星球	1	全球视野的感知能力 跨学科的工作能力	创造性的方法	互动游戏
	活动3	桶中一滴水	1	跨学科的工作能力	创造性的方法	实验
	活动4	神奇之旅	1	全球视野的感知能力	创造性的方法	互动游戏
	活动5	蓝色河流	1	计划与行动的能力	交流与合作的方法	团队活动
四、护水	活动1	我们的城市	1	计划与行动的能力	面向社会开放的方法	作品展示
	活动2	积少成多	1	全球视野的感知能力 理解与合作的能力 前瞻性的思考与行动能力	创造性的方法 创设情景的方法 应用各种媒体的手段 反思的方法	互动游戏
	活动3	我们共用一条河	1	激励自己和他人的能力	创设情景的方法	团队活动
	活动4	水文银行	1	计划与行动的能力	专业性的工作方式	调查研究
	活动5	珍惜每一滴水	1	理解与合作的能力 跨学科的工作能力 激励自己和他人的能力	行动指向的方法 交流与合作的方法 反思的方法	实践活动
五、画水	活动1	自然界的声音	1	跨学科的工作能力 前瞻性的思考与行动能力	创造性的方法 应用各种媒体的手段 反思的方法	阅读分享
	活动2	雨音器	1	计划与行动的能力	创造性的方法	实践制作
	活动3	制作壁画	1	跨学科的工作能力	创造性的方法	实践制作
	活动4	雪的倾诉	1	跨学科的工作能力	反思的方法	调查研究
	活动5	水灵我灵	1	前瞻性的思考与行动能力	交流与合作的方法	调查研究

（续表）

单元主题	活动		课时数	关键能力	方法与手段	
六、节水	活动 1	我的"水足迹"	1	全球视野的感知能力 前瞻性的思考与行动能力 反思生活方式的能力	应用各种媒体的手段 行动指向的方法 反思的方法	调查研究
	活动 2	再生之路	1	前瞻性的思考与行动能力	创设情景的方法	情景模拟
	活动 3	水健康专家	1	前瞻性的思考与行动能力	专业性的工作方式	实验
	活动 4	河流体检	1	计划与行动的能力	面向社会开放的方法	实地考察
	活动 5	世界水日	1	跨学科的工作能力 理解与合作的能力 激励自己和他人的能力	专业性的工作方式 应用各种媒体的手段 交流与合作的方法	展示活动

[单元主题活动案例]

主题一：知水

"知水"这一主题是引导学生走进水、认识水的结构和形态、了解水的特性、明白水的用途，从而认识到我们的生活离不开水。

水有哪些特性？怎样证明水有这些特性？不同水样的水质如何？

水分子的结构是怎样的？它们之间是怎样相互作用的？

水在自然界有哪些形态？它们又是怎样变化的？如何让它们相互转化？

水可以干些什么？为什么水加入后，固体和液体的体积前后不会相差太大？

01 活动目录

活动 1　魔域星球上有水吗

活动 2　我是超人小水珠

活动 3　水分子运动操

活动 4　一起来玩吧

活动 5　水奥运

02 活动空间

在未来工作坊中，学生将主题知识与未来的愿景和行动计划相融合，通过不同的行动改善问题。落实行动，整合各类资源，以行动为导向实现所学知识和所培养能力的迁移与可持续运用。

例如，你几天后将给幼儿园的孩子开展一次专题讲座，你准备如何讲解水分子的特性对人类生活的影响？如何在日常生活中利用水分子的特性？请你思考制作一个关于"知水"的演示文稿。

03 活动资源

校内合作

各学科专业师资：科学与技术、探究、信息、英语等学科教师。

学校管理层：水奥运主题活动、水分子运动操。

校外合作

社区水性质探究。

活动 3　水分子运动操

一、活动简介

水是一位神奇的魔术师，千变万化，有时活泼，有时安静，令人捉摸不定。地球上的水一直在液态、固态、气态三种状态中不断循环。本活动把水分子模拟成一个人，让学生通过身体运动来模拟水的三态——固态、液态、气态，帮助学生初步认识水是不断运动的，这其中温度起着重要的作用。

二、关键能力的培养

1. **全球视野的感知能力**：初步认识水是不断运动的，这其中温度起着重要的作用。
2. **跨学科的工作能力**：用音乐和体育帮助了解水分子的构成和变化。

三、方法与手段

创造性的方法：延续"我是超人小水珠"的活动，用团体活动的方式模拟水的三态。

四、活动材料

1. **活动材料与工具**：每名学生带一根跳绳，或者教师准备多根长为 1 米的绳子，一块双色的双面板：一面红色写上"热"，一面蓝色写上"冷"。
2. **活动任务单**：列举常见的水形态、团队游戏"水分子运动操"、活动拓展"创作水分子之歌"。
3. **活动总评价表**："水分子运动操"活动总评价表。

五、活动方案

（一）活动时间：1 课时

（二）活动过程

学生活动	教师指导要点	要求说明
一、创设情景，激趣导入 1. 多媒体展示。 　今天我给同学们带来了一组漂亮的图片，请同学们欣赏。遗憾的是这座漂亮的城市只存在了几天就人间蒸发了，因为这是 2008 年哈尔滨冰雕艺术节上的作品。谁能告诉老师这座冰雕城市为什么会消失呢？ 2. 水分子运动操。	在学生回答的基础上，教师做一定的引导和总结。	通过多媒体展示，让学生知道水的艺术性，培养学生全球视野的感知能力。
二、列举生活中常见的水形态 1. 你知道在什么情况下水的这三种形态会出现吗？ 2. 学生回答。（在日常生活中与水的三态有紧密接触的案例，如喝水、出汗、呼吸、吃冰块……）	课前通知学生收集生活中常见的水形态，鼓励学生以不同形式展现和交流成果。帮助学生了解水分子的形态和运动，了解水的物理形态变化。	通过交流，学生能回答生活中常见的水的各种形态。 （见活动任务一）
三、团队游戏"水分子运动操" 1. 学生模拟水分子运动。 （规定水分子不同形态的一些动作：固态的笔直站立；液态的划波浪形；气态的扇动双臂） 2. 展示红色的背板，液态水变成气态水。 　红色的背板代表加热，展示这个面板时，代表太阳照在冰上，水分子吸收热量，运动速度变快。 3. 展示蓝色的背板。 　蓝色的背板代表降温，房间里的热量流失了。热量从水分子流失到更冷的物体上。 （1）作为水分子的学生流失热量，聚拢在一起形成水滴。 （2）所有学生都变成"液态水"之后，继续展示蓝色的背板，直到同学们变成"冰块"。 4. 出示场景：冰放置在阳光明媚的走廊里。 （1）描述不同条件会对冰产生什么影响。 （2）布置任务：分子运动情况的水日志。	教师指导学生模拟冰，学生间的距离非常小，并且运动缓慢。 告诉学生热量是从外至内传播的，外围学生一开始运动缓慢，然后这部分学生运动加快，互相碰撞，最终使得所有学生都快速运动。气态下的"学生们"在教室中随机快速走动，配乐变得急促。 告诉学生快速运动下的他们已经变成了液态水（改变动作）。作为液态水，学生间的距离应该保持相对靠近。作为固态水，学生间的距离应该保持非常靠近。 告诉学生本活动将作为学习其他水概念的准备工作和参考。 教师小结：水是不断运动的，受热能影响。	通过指导，用体育运动帮助学生了解水分子的构成变化，使学生能进行"水分子的运动"。 （见活动任务二）
四、创作"水分子之歌" 1. 创造设计一首"水分子运动"歌曲。 2. 根据所选乐曲创造一个音乐之旅，完成 PPT 或者其他多媒体文件。	指导学生选择对应水的不同状态的音乐节奏。节奏快的乐曲代表气态水的运动，缓慢柔和的音乐代表固态水的运动，带有水流或者雨水声的音乐可以表示液态水的运动。	用音乐帮助学生了解水分子的构成和变化。 （见活动任务三）

（三）活动任务

任务一：列举常见的水形态

1. 任务目标

知道生活中常见的水形态。

2. 任务内容

在日常生活中水的三种形态会在什么情况下出现？学生讨论回答。

水的三态讲解

任务二：团队游戏"水分子运动操"

1. 任务目标

团队合作完成游戏"水分子运动操"。

2. 任务内容

（1）学生模拟水分子运动。

（2）教师展示红色的背板，表示液态水变成气态水的要求。

（3）教师展示蓝色的背板。

（4）出示游戏的场景。

学生模仿水分子运动

任务三：创作"水分子之歌"

1. 任务目标

了解水分子的构成和变化。

2. 任务内容

学生创作一首关于"水分子运动"的歌曲并根据所选乐曲创造一个音乐之旅，完成 PPT 或者其他多媒体文件。

"水分子运动操"活动总评价表

活动满意度（打"√"）	😀 优秀	🙂 良好	😣 须努力
列举常见的水形态			
团队游戏"水分子运动操"			
创作"水分子之歌"			

活动4　一起来玩吧

一、活动简介

水是我们生活中不可或缺的物质，如果学生已经注意到把糖加入水后，糖会消失不见，而水会变甜，并且之前的"水"和糖水的体积没有多大变化，那么他们就已经观察到水除了加热

会蒸发、变冷会结冰膨胀外，还有一个特点是能溶解许多其他液体和固体。本活动旨在帮助学生进一步了解分子间的空隙以及分子引力的重要作用。

二、关键能力的培养

1. **反思生活方式的能力**：讨论水的作用，了解水的特性。
2. **计划与行动的能力**：与他人一同合作了解水，完成水的溶解实验，知道水的溶解原理。

三、方法与手段

1. **交流与合作的方法**：沟通合作，获得正确的实验结果。
2. **专业性的工作方式**：观察、实验。

四、活动材料

1. **活动材料与工具**：深颜色的塑料瓶、棉花糖、牙签、气球。
2. **活动任务单**：水可以干些什么、摩擦力吸引实验、模拟水溶解实验。
3. **活动总评价表**："一起来玩吧"活动总评价表。

五、活动方案

（一）活动时间：1 课时

（二）活动过程

学生活动	教师指导要点	要求说明
一、导入 　展示一个深颜色的塑料瓶，告诉学生里面是一种神奇的液体，它可以让大象凉爽、让六条腿的生物站在上面、让糖一样的山丘融化，也可以让石头崩裂！ 　让学生猜一猜，引出课题。 　这样的液体其实触手可得，只要打开水龙头就能见到！	学生在交流的时候可能会说得很多很杂，教师需要根据学生的答案进行对比和引导。	通过导入，使学生知道水具有神奇的用处。
二、小组交流水的作用 　1. 小组交流：课前你们搜集了与水的作用相关的例子以及产生的原因，请小组内互相交流。 　2. 反馈信息。 （1）搜集途径（读报、看电视、听广播、上网查询……）。 （2）以文字、图画、视频、录音等方式呈现。	课前通知学生搜集与水的作用相关的案例，鼓励学生以不同的形式展现交流成果。	通过交流，学生能以各种方式呈现与水的作用相关的例子以及产生的原因，进一步了解水有吸附力和凝聚力，水加热会蒸发、变冷会结冰膨胀等特点。 （见活动任务一）

（续表）

学生活动	教师指导要点	要求说明
三、知道水的溶解原理 1. 构建水分子模型。 　教师提供 3 个棉花糖（2 个同色，1 个不同色）和 2 根牙签，或者用长的和圆的气球，让学生参照活动中的 V 字形构架，搭建一个水分子模型。 2. 模拟水溶解实验。 　拿一些方形纸片，在一半纸片上写"+"，一半纸片上写"−"，分别代表正极和负极。将纸片放入方形的盒子中，这个盒子代表一块"方糖"。摇动"方糖"使纸片混合均匀，学生拿着自己做的实物水分子模型，每个人从盒子里拿出一些纸片，将纸片的"−"贴在水分子的"+"上，将纸片的"+"贴在水分子的"−"上，帮助学生理解水分子和糖分子的混合。 3. 反馈交流。	小组进行实验时巡视指导，引导学生仔细观察实验，了解学生交流的基本情况。	通过指导，学生能完成水的溶解实验。 （见活动任务二、三）
四、活动拓展"根据描述完成摩擦力吸引实验" 1. 观察吸引力实验，思考原因。 2. 学生活动，感受水分子是由氢离子和氧离子以氢键连接的。 3. 学生小结，阐述氢键的形成。	引导学生仔细观察实验，大胆猜测，勤于动脑。	通过实验，学生能对水的吸引力有基本理解，感知水中氢键的形成以及水分子由氢离子和氧离子以氢键连接的过程。 （见活动任务四）

（三）活动任务

任务一：了解水的作用

1. 任务目标

了解水在日常生活中有哪些作用。

2. 任务内容

（1）小组交流已经知道的水的作用。

（2）讨论水的作用及相对应的水的性质。

（3）知道水有吸附力、凝聚力，加热会蒸发、变冷会结冰膨胀等性质，在讨论的过程中进一步了解水的特性。

任务二：知道水的溶解原理

1. 任务目标

构建水分子模型。

2. 任务内容

利用棉花糖或气球构建水分子模型，从而了解水分子的结构。

任务三：模拟水溶解实验

1. 任务目标

模拟水溶解实验。

2. 任务内容

与他人合作完成水溶解实验，仔细观察，交流结果。

 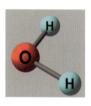  

水分子结构示意图　　　　　　　　　　学生模拟水分子

用棉花糖模拟水分子结构

任务四：摩擦力吸引实验

1. 任务主题

观察吸引力实验。

2. 任务要求

学生通过仔细观察，感知吸引力的存在，小组讨论并总结。

"一起来玩吧"活动总评价表

活动满意度（打"√"）	😊 优秀	🙂 良好	😟 须努力
讨论水的作用，了解水的特性			
与他人合作了解水分子的结构，完成水的溶解实验，知道水的溶解原理			
能根据描述完成"摩擦力吸引实验"			

单元主题活动案例

主题二：懂水

"懂水"这一主题旨在引导学生了解水，关注水资源，了解水对人类生活的重要意义。

植物和动物有四个共同之处，你能猜到是什么吗？生命需要什么才能存在？维持生命所需的四个基本要素是什么？你知道如何将生命必需的元素装到一个瓶子里吗？葡萄干和葡萄有什么不同？

你知道我们身体里有多少水吗？我们身体的哪些部位可以找到水？人每天需要喝多少水才能保持身体的水平衡？你知道怎样选择健康的饮品吗？你是否想过如果别人向你打了个喷嚏，你第二天可能会感冒？你知道遏制疾病传染最简单的办法是什么吗？

01　活动目录

活动 1　生命盒子
活动 2　生命瓶子
活动 3　水做的身体
活动 4　缓解口渴
活动 5　茁壮成长的细菌

02　活动空间

在创新实验室和开心农场中，学生将主题知识与未来的愿景和行动计划相融合，通过不同的行动改善问题。落实行动，整合各类资源，以行动为导向实现所学知识和所培养能力的迁移与可持续运用。例如，制作生态瓶和开展生态菜园开发等。

03 活动资源

校内合作

各学科专业师资：语文、数学、自然科学、音乐、体育、卫生保健等学科教师。

学校管理层：生态菜园开发、卫生习惯的社区传播。

校外合作

家庭饮水健康宣传。

与生态菜园等农业基地合作。

活动1 生命盒子

一、活动简介

水是维持生命所需的基本要素之一。水在地球上很常见，江、河、湖、海中有水，大气中有水，地下也有水。地球上的一切生物均与水有着密不可分的联系。本活动旨在通过一系列发人深思的任务，使学生识别生命必需的四个基本要素，懂得生物如何利用这四个基本要素，学会分析这四个基本要素如何作为一个系统在运作。

二、关键能力的培养

1. **全球视野的感知能力**：对水树立初步的认识，知道水是维持生命所需的基本要素之一。

2. **跨学科的工作能力**：能将劳技课的动手以及体育课的互动联系在一起，在课堂上能将自然科学、语文、体育和地理中所学的知识、方法和能力联系起来。

3. **前瞻性的思考与行动能力**：思考生命需要什么才能存在。

三、方法与手段

1. **创造性的方法**：通过一些材料，识别"活着"的两种事物，讨论生命需要一些什么。

2. **专业性的工作方式**：通过动手设计实验，认识生命的四个基本要素。

3. **反思的方法**：设计一个游戏进行反思。

四、活动材料

1. **活动材料与工具**：盆栽植物、石块、土壤、瓶装水、生命盒子（每个盒子里放一杯土和一瓶水，给每个盒子贴上"生命盒子"的标签，拧紧瓶盖）、240 mL 容量的牛奶盒（清洗牛奶

盒，拉开顶盖使牛奶盒完全敞开）（可选）、水（可选）、胶水
（可选）、剪刀（可选）、画图工具（可选）。

2. **活动任务单**：生命需要什么才能存在、生命盒子。

3. **活动总评价表**："生命盒子"活动总评价表。

五、活动方案

（一）活动时间：1 课时

（二）活动过程

学生活动	教师指导要点	要求说明
一、问题导入 生命需要什么才能存在？向学生展示一株活的盆栽植物、一块石头和从班级中选出的一名同学，让他们识别"活着"的两样事物。 1. 通过交流，引出课题。 2. 知道生命需要四个基本要素。	学生识别事物时，教师需要在适当的时候进行一定程度的引导。	通过"识别"活着的两样事物，让学生知道生命需要四个基本要素。（见活动任务一）
二、游戏反思"生命盒子" 1. 学生互相传递"生命盒子"，让学生打开盒子并注意里面有什么（年龄稍大的学生可以将盒子里的物品列在一张纸上）。 2. 问：在盒子里看到了什么？注意盒子里还有其他两样东西。 3. 再次传递盒子并重复问题：盒子里有什么？ 4. 教师总结：每个盒子包含大多数生命所必需的四样东西。我们手中的盒子里有三样东西——水、土和空气，第四样阳光是在盒子被打开时才会进去！ 5. 小组讨论：生命需要什么才能存在？	课前学生有一些准备材料，收集盒子里面要放的一杯土和一瓶水。 当老师问每个盒子里还有其他的两样东西时，学生不一定说得出，教师要注意引导，得出答案：空气和阳光。 教师总结要点说明：土壤侵蚀、空气污染和水污染损害了这些资源维持生命的特性。让学生意识到生命对于清洁的水、土壤和空气的依赖，如果能更多地直接利用阳光作为能源，就可以更好地为了未来而维持资源的质量。地球上水、土壤、空气和阳光在不同的系统中组合形式多种多样，它们在不同的动植物体内也以不同的形式作用于整体，但所有系统都需要特殊的水环境才能维持稳定。	每个学生看过里面的物品之后，应该将盖子合上并将盒子交给下一位同学。（见活动任务二）
三、活动拓展：设计实验 1. 做一个小实验：在"生命盒子"里种下两三粒种子，每天给它们浇水，看看会出现什么情况。 学生在家做这个实验，可以提前一周在"生命盒子"里种下两三粒种子，每天给它们浇水，观察种子的发芽和生长情况并做好记录，盒子的顶部保持敞开，以便让阳光进入。 2. 小结：水、阳光、空气和土壤是生命所必需的。 3. 小组交流：生物会怎样利用每一种要素？	除了引导学生认识生命的四个基本要素外，要注意学生讨论生物还需要健康环境的重要概念。	跨学科工作：将水资源与劳技课动手及体育课联系在一起。学生在课堂中能将在自然科学、语文、体育和地理课上所学的知识、方法和能力联系起来。

（三）活动任务

任务一：讨论生命必需的基本要素是什么

1. 任务目标

探究生命需要的基本要素。

2. 任务内容

学生分组讨论。

空气中的氧气对于所有需氧生物来说是必须的。所有动物都需要呼吸氧气；植物利用空气中的二氧化碳进行光合作用，二氧化碳是植物最主要的碳来源。

土壤由各种不同大小的矿物颗粒、各种不同分解程度的有机残体、腐殖质及生物活体、各种养分、水分和空气等组成。土壤具有供应和协调植物生长发育所需水分、养分、部分空气和热量的能力。

水是生命之源，在自然界中，所有生物的生命活动都离不开水。

阳光不仅给大地带来光明和温暖，为生物创造着适于生存的温度条件，而且也为一切生物活动提供了源源不断的能源。

生命所需的基本要素

任务二：游戏反思——生命盒子

1. 任务目标

知道生命所必需的四个基本要素。

2. 任务内容

学生传递生命盒子。

生命盒子

"生命盒子"活动总评价表

活动满意度（打"√"）	😊优秀	🙂良好	😟须努力
认真参与讨论			
知道生命必需的四个基本要素			
能设计实验来证明或反驳水、阳光、空气和土壤是生命所必需的			

活动 3　水做的身体

一、活动简介

　　水是人体的重要组成部分。葡萄干和葡萄有什么不同？答案就是葡萄干脱水了。水作为载体源源不断地向人体组织器官输送所需的营养物质。没有水，人体内的一切代谢反应都将停止，生命也将终止。本活动旨在帮助学生通过一系列的探究活动，了解身体中水的比重、身体中含水的结构和器官以及水在身体中所起的作用。

二、关键能力的培养

1. **全球视野的感知能力**：初步了解水作为生命的基本组成，感知水对于身体的重要性。

2. **跨学科的工作能力**：通过数学、美术等学科知识了解人体中水的比重。

3. **前瞻性的思考与行动能力**：思考水在身体各个器官中所起的作用，知道水是人体的重要组成部分。

三、方法与手段

1. **创设情景的方法**：模拟身体中的水分子。

2. **创造性的方法**：通过切水果、贴水滴图等形式，了解水存在于身体的各个器官中。

3. **应用各种媒体的手段**：提供阅读资料、视频、图片等，了解身体中水的比重。

四、活动材料

1. **活动材料与工具**：白纸或黑板、蜡笔或彩笔、葡萄干和新鲜葡萄、小刀（用来切胡萝卜）、胡萝卜、剪刀、水滴型纸片。

2. **活动任务单**：我们身体中有多少水？在我们身体的哪些部位

能够找到水？为什么水对我们的身体很重要？

3. **活动总评价表：**"水做的身体"活动总评价表。

五、活动方案

（一）活动时间：1 课时

（二）活动过程

学生活动	教师指导要点	要求说明
一、谈话导入：葡萄干和葡萄有什么不同 我们身体中有多少水？ 同伴合作，在白纸、白板或者黑板上描绘出身体的轮廓。说明身体中水的比重。 学生讨论交流，引出课题。	学生在交流时，教师要进行一定程度的引导与归纳。 对于高年级的学生，水的比重需要考虑该轮廓主人的年龄、体重、身高等因素，范围在 50%～90% 之间。在这个实验中，我们所用数据为 60%。让学生将纸上画好的轮廓的 60% 涂上颜色。	通过作图、讨论和实验，让学生知道人体中水的比重约为 60%。 （见活动任务一）
二、在身体的哪些部位能找到水 1. 学生思考：在哪些部位能找到水？ 2. 找一找：学生在人体轮廓中用圆圈或画器官外形来表示不同器官（更优秀的学生能够勾勒出器官的形状）。 学生展示。 3. 通过切水果展示水果中水的含量。 问：为什么水不会在切水果或蔬菜的时候洒出来？ 小组讨论，反馈交流。	水存在于身体的哪些部位呢？它是不是在身体中自由地流动着？ 鼓励学生以不同形式展现交流成果，向学生解释，人体中 2/3 的水分存在于细胞内，而剩下 1/3 的水分则存在于血液、淋巴液和细胞间液。 向学生强调，这些水存在于水果的组织和细胞中，所以不会洒出来。 教师小结：水存在于身体的各个器官中。	通过动手操作、交流讨论，使学生了解身体中含水的结构和器官。 （见活动任务二）
三、为什么水对我们的身体很重要 1. 学生动手操作：将模板上的水滴剪下来。 2. 学生将这些水滴纸片贴在他们认为和纸片上的功能描述相对应的人体图（人体图来自实验的第一部分和第二部分）的位置上。 3. 分小组讨论：水对于每个器官的功能是什么？检查自己的身体结构图。 学生交流反馈。	给学生提供水滴形纸片模板，指导学生将模板上的水滴剪下来。 学生交流时，教师进行一定程度的引导与归纳。例如，写着"水对我的身体很重要，因为它可以在我感到热的时候帮助我降温"的水滴形纸片可以贴在皮肤的位置上表示汗水；清理体内废弃物的水滴形纸片可以贴在作为过滤器的肾脏处或尿道处。	通过指导，使学生了解水对身体的重要性以及每个器官中水的功能。 （见活动任务三）

（三）活动任务

任务一：我们身体中有多少水

1. 任务目标

知道不同年龄的人身体中水的大致比重。

2. 任务内容

（1）通过阅读资料和交流讨论，知道年龄不同对身体中水的含量有影响。

（2）通过小组合作，描绘身体轮廓并涂色，知道人体中水的大致比重。

不同人群身体内水的比重

画人体轮廓图

任务二：在我们身体的哪些部位能够找到水

1. 任务目标

知道身体中哪些部位能够找到水。

2. 任务内容

（1）在人体轮廓中用圆圈或画器官外形来表示不同器官。

（2）小组代表上台交流。

（3）教师引导小结。

任务三：为什么水对我们的身体很重要

1. 任务目标

知道水对人体的重要性。

2. 任务内容

（1）小组讨论水对于每个器官的功能是什么。

（2）将水滴纸片剪下，根据纸片上的功能描述将纸片贴到所画人体图相对应的位置上。

（3）小组派代表交流，教师归纳总结。

学生剪水滴纸片

水对我的身体很重要，因为它能帮助我消化食物，为身体提供能量。

水对我的身体很重要，因为它能帮助我把废弃物排出体外。

水对我的身体很重要，因为它可以保护帮助我呼吸的器官。

水对我的身体很重要，因为它可以在我感到热的时候帮助我降温。

水对身体的作用

水能让大脑保持活跃和警觉。

呼气的时候，我们就会丢失一些二氧化碳和水分，这些物质都是呼吸作用产生的。

水通过皮肤排出，把废料排出体外，同时调节体温。

我们体液中的水分，会携带很多营养物质。水分会把这些营养物质输送到身体的每个角落。

水分可以帮助肌肉保持活性，并能使皮肤一直保持弹性。

在肾脏以及大肠里面，水能帮助我们排出废料。

在身体关节处的一些特别的体液内，水分可以帮助骨骼更加平滑地转动。

多喝水是健康饮食的重要体现，能协助消化食物。

水对身体的重要性

"水做的身体" 活动总评价表

活动满意度（打"√"）	优秀	良好	须努力
知道不同年龄的人，身体中水的大致比重			
知道水是人体的重要组成部分，知道水在身体各个器官中所起的作用			
初步了解水作为生命的基本组成成分，知道水对身体的重要性			

[单元主题活动案例]

主题三：爱水

小行动将带来大改变！你知道吗？

地球表面 71% 是海洋，为什么还要叫它"地球"呢？

什么东西既充足又稀有？

你今天喝的水明天会到哪里去呢？

你不可能两次踏进同一条河流……

01 活动目录

02 活动空间

在创新实验室中，学生将主题知识与未来的愿景和行动计划相融合，通过不同的行动改善问题。落实行动，整合各类资源，以行动为导向实现所学知识和所培养能力的迁移与可持续运用。例如，建立湿地保护将有助于河流流域的水土保养。

03 活动资源

校内合作

各学科专业师资：语文、数学、自然科学等学科教师。

学校管理层：校内节水活动和节水设备。

校外合作

社区水循环调查。

活动 2　蓝色星球

一、活动简介

我们的星球明明大部分都是水，为什么还要叫它"地球"呢？本活动通过预测概率样本所解释的陆地和水相对覆盖面积的结果，建立概率样本并将结果同预测进行比较，让学生知道地球表面被水覆盖面积的百分比，知道水陆百分比的由来，培养学生用科学的方法探索世界的兴趣。

二、关键能力的培养

1. **全球视野的感知能力**：让学生知道地球表面被水覆盖的面积百分比，培养学生用科学的方法探索世界的兴趣。
2. **跨学科的工作能力**：能将本活动与数学中的比例和概率相联系。

三、方法与手段

创造性的方法：抛充气地球仪的方法。

四、活动材料

1. **活动材料与工具**：显示水和陆地面积的充气地球仪（一个）、彩色珠子（一罐两种颜色）、铅笔和笔记本、计算器、"蓝色星球"贴纸。
2. **活动任务单**：蓝色星球、抛充气地球仪计算水面积比例。
3. **活动总评价表**："蓝色星球"活动总评价表。

五、活动方案

（一）活动时间：1课时

（二）活动过程

学生活动	教师指导要点	要求说明
一、阅读：蓝色星球 学生阅读相关资料，了解水陆面积的百分比。	学生在阅读时可能会对新知识有所疑惑，教师需要适时进行引导与归纳。	通过阅读，使学生知道地球表面大部分面积被水覆盖。 （见活动任务一）
二、团队活动：抛充气地球仪计算水面积比例 1. 向学生展示充气地球仪。问：这个充气地球仪代表什么？你看到什么颜色？不同颜色代表什么？ 2. 让学生站成一个圈，教师站在中间。 3. 通过抛接充气地球仪进行随机抽样。要求：记录每次接球学生的右手大拇指指尖指向陆地还是水。 4. 遵守抛球规则。学生可以相互抛，接球的人宣布他的右手大拇指指尖指向的是陆地还是水，如果触到陆地兼水，重新来过。 5. 北极为冰盖的水，南极为南极大陆，所以将蓝色贴纸贴在南极表示陆地。 6. 将每次接球的结果记录在黑板上。 7. 建议8到10人为一组。 8. 根据数据计算水面积比例。 9. 教师小结。	介绍测量工具及游戏方法。 组织学生进行游戏。 组织小组活动、引导学生回答问题。 在学生回答问题的过程中给予及时性评价。	建立一个概率样本并将结果同预测进行比较。 培养学生用科学的方法探索世界的兴趣。 培养学生的合作能力、思考能力与表达能力。 培养学生将本活动与数学中的比例和概率相联系的能力。 （见活动任务二）

（续表）

学生活动	教师指导要点	要求说明
三、活动拓展：你可以自己想个办法吗 　　是否可以设计另一种方法来得出地球表面被水覆盖面积的近似百分比？	抛出问题，引导学生对水陆百分比计算的思考，激发学生课外延伸探究的兴趣。在学生交流时，巡视指导。	通过指导，使学生能说出 1~2 种方法。（见活动任务三）

（三）活动任务

任务一：阅读资料

1．任务目标

了解水陆面积百分比。

2．任务内容

学生阅读相关内容，了解水陆面积的百分比。

任务二：抛充气地球仪计算水面积比例

1．任务目标

学会运用概率样本的方法计算水面积比例。

2．任务内容

完成抛充气地球仪游戏，计算水面积的比例。

水陆面积计算记录表

陆地	水面

地球上水面积所占百分比 = 水面次数 / 总次数

"抛球"游戏

计算水陆面积

任务三：设计计算水面百分比的新方法

1. 任务目标

设计另一种方法来得出地球表面被水覆盖的面积的近似百分比。

2. 任务内容

小组讨论是否还有其他方法可以计算出地球表面被水覆盖面积的百分比。

"蓝色星球"活动总评价表

活动满意度（打"√"）	优秀	良好	须努力
知道地球表面被水覆盖的面积百分比			
建立一个概率样本并将结果同预测进行比较			
设计出新的计算方法			

单元主题活动案例

主题四：护水

假如你刚刚继承了一处位于河滨并设有度假屋的高价土地，可是，你搬进去时发现河滩被污染了，满地都是建筑废料和动物粪便！这些东西都是从哪儿来的？什么东西会一直发出饥肠辘辘的声音却永远不会饿肚子？什么东西你会听到它爆裂的声音却不见它受伤？如果你用的水需要预先存在银行里，请问你知道如何看银行的账单吗？为什么节约水资源像是对未来的投资？

01 活动目录

02 活动空间

在创新实验室和操场上，学生将主题知识与未来的愿景和行动计划相融合，通过不同的行动改善问题。落实行动，整合各类资源，以行动为导向实现所学知识和所培养能力的迁移与可持续运用。例如，学生讨论不同用水者的水资源管理最佳实践案例。

03 活动资源

校内合作

各学科专业师资：语文、数学、自然科学等学科教师。

学校管理层：学校节水设备和节水宣传。

校外合作

自来水厂。

活动 2　积少成多

一、活动简介

水资源是我们赖以生存的重要资源。可是，现如今的河流中，有不少的污染是我们自己造成的。本活动通过演示一条河流经一个流域时会造成的污染，使学生认识到污染是可以减少的，学会区分点源污染与非点源污染；认识到每个人都可以影响河流或湖泊的水质，也对其负有责任，能找出减少污染的办法。

二、关键能力的培养

1. **全球视野的感知能力**：对河流树立最初步的认识。

2. **理解与合作的能力**：了解河流的流域以及土地的开发会造成对水的污染。

3. **前瞻性的思考与行动能力**：了解不同水质对生活的影响，能找出减少污染的办法。

三、方法与手段

1. **创造性的方法**：通过视频、图片等形式认识各种河流。
2. **创设情景的方法**：学生合作，了解土地开发会造成水污染。
3. **应用各种媒体的手段**：提供绘画用纸、视频媒体，了解不同水质对生活的影响。
4. **反思的方法**：反思为什么河流中有众多垃圾，是否可以减少。

四、活动材料

1. **活动材料与工具**：彩色笔、方形白纸、一些物体。
2. **活动任务单**：流域会说话、快速构建理想城市、发现与解决污染。
3. **活动总评价表**："积少成多"活动总评价表。

五、活动方案

（一）活动时间：1课时

（二）活动过程

学生活动	教师指导要点	要求说明
一、谈话导入：回忆生活中的河流 谈话交流，引出课题。	教师可以适当将河流的范围扩大至整个中国，讲述主要河流，并进行河流之间的对比。	通过谈话，使学生知道河流会对我们的生活造成影响。
二、初步了解河流的相关信息 1. 小组交流：小组内互相交流搜集到的不同河流的相关信息。 2. 反馈信息： ① 河流的源头和结束地。 ② 河流流经的省份。 ③ 河流流经的其中一个省份中主要的土地利用类型。 ④ 哪些活动会影响河流？ ⑤ 你认为下游的居民对来自上游的水持什么态度？	课前通知学生搜集任意一条中国大河的资料，鼓励学生以不同形式展现交流成果。	通过交流，使学生了解中国大河的相关知识，培养学生全球视野的感知能力。（见活动任务一）
三、感受土地开发对河流的影响 1. 你刚刚继承了一处滨河的房地产和一百万美元。 2. 画一画：土地规划。 3. 介绍如何开发土地和如何利用水。 4. 学生按照所拿白纸背面的数字组合并按照顺序排列。	在活动中，可以将一个数字写于背面，分为上下两张，便于学生能够快速完成组合。	通过拼图活动，使学生了解污染物是如何造成的，对河流有什么影响。

（续表）

学生活动	教师指导要点	要求说明
5. 每一名学生手上拿一件物体代表污染物，介绍自己手中的污染物是什么，然后进行污染物的传递。 6. 依次传递污染物，直至最后一名学生拿着所有物品。 7. 学生交流并总结土地开发对河流的影响。	引导学生交流和总结。	（见活动任务二）
四、感受水质对生活的影响 1. 讨论： ★ 在中游和下游的学生有什么感受？ ★ 他们的房地产开发计划会如何？ ★ 下游的同学会受上游同学的影响吗？ ★ 上游的用水者会改变下游用水者的水质吗？ 2. 学生交流：对整体水质影响的看法。 3. 角色扮演：如果你是这里的居民，如何管理土地才能保护水资源呢？请写下来。 4. 区分点源污染和非点源污染。 5. 设计一个采用最佳管理办法的社区。	引导学生在讨论时区分点源污染和非点源污染。	通过讨论，让学生明白污染物对水质是有影响的，同时也影响着我们的生活。（见活动任务三）
五、活动延伸 思考：在生活中应该怎样保护我们的水资源？	抛出问题，引导学生将本活动的内容与生活联系，激发学生课外延伸探究的兴趣。	反思与实践。

（三）活动任务

任务一：流域会话

1. 任务目标

了解河流的相关信息。

2. 任务内容

课前搜集河流相关的材料，小组交流。

任务二：快速构建理想城市

1. 任务目标

感受土地的开发对河流的影响。

2. 任务内容

学生合作交流土地的开发对河流的影响，完成拼图活动。

学生画作（刘轩辰）

学生画作（张静祺）

学生画作（徐思琪）

学生画作（陆梓妍）

任务三：发现与解决污染

1. 任务目标

感受水质对生活的影响。

2. 任务内容

学生交流讨论水质对日常生活的影响。

"积少成多"活动总评价表

活动满意度（打"√"）	优秀	良好	须努力
对河流树立初步的认识			
了解土地开发对河流的影响			
思考河流对生活的影响并能找出减少污染的办法			

活动 5　珍惜每一滴水

一、活动简介

水是生命的起源、生存的基础。节约水资源为什么像是对未来的投资？我们每天都要用到水，也要理解水对于我们的重要意义。水并非取之不尽，用之不竭，我们必须养成节约水资源的习惯。本活动主要通过说一说、猜一猜、做一做、写一写，使学生认识节水措施是怎样节省水的，知道自己可以改变或养成的节约用水习惯，意识到节约水资源的重要性，了解每一滴水的珍贵。

二、关键能力的培养

1. **理解与合作的能力**：以小组为单位搜索节水方法，在家庭和校园中开展节水行动。
2. **跨学科的工作能力**：运用不同学科的知识，完成水流速杯的制作。
3. **激励自己和他人的能力**：设计节水标语并进行宣传。

三、方法与手段

1. **行动指向的方法**：实践并指导节约用水。
2. **交流与合作的方法**：小组合作设计节水标语并进行宣传。
3. **反思的方法**：我们可以为节约用水做些什么？

四、活动材料

1. **活动材料与工具**：节约用水复印件（讲义）、制作水流速杯复印件（学生的学习单）、纸杯、厚胶带、秒表。
2. **活动任务单**：浪费水行为的动作猜谜、设计节水宣传标语。
3. **活动总评价表**："珍惜每一滴水"活动总评价表。

五、活动方案

（一）活动时间：1 课时

（二）活动过程

学生活动	教师指导要点	要求说明
一、说一说：生活中自己及家人的用水方式 1. 谈话交流：说说日常生活中你和家人是如何用水的。 2. 引出课题。	学生交流时，教师需要在适当的时候进行一定程度地引导与归纳。	通过谈话，使学生知道不良的生活用水方式，以及浪费水资源会对我们的生活造成影响。

（续表）

学生活动	教师指导要点	要求说明
二、猜一猜：浪费水行为的动作猜谜 1. 浪费水行为的动作猜谜。 　让学生玩"浪费水行为的动作猜谜"游戏。参考同学们在上课初提出的浪费水的习惯（不关水龙头、不必要时冲厕所、用软管冲洗人行道、让水龙头滴水、花很长时间淋浴等），把这些行为写在纸条上，进行筛选。 　分小组，给每个小组一张纸条，小组编排并表演一个哑剧来演示纸上所写的行为，当有一组猜到他们的行为时，这组也必须编排表演一个哑剧来表示对该行为的纠正。 2. 总结。 　水在生活中起着非常重要的作用，我们要学会利用水资源，更要学会合理节约利用这种资源。	学生排练时，教师在一旁适当点拨，使学生明确不应该浪费水的原因。	通过猜谜，使学生进一步了解生活中浪费水资源的各种现象，并通过反向表演，知道该如何节约水资源，增强学生理解与合作的能力。 （见活动任务一）
三、做一做：水流速杯制作 1. 通过猜谜游戏大家知道了哪些浪费水资源的现象？ 2. 做一做：水流速杯。 ① 用钉子在一个大纸杯底部钻 5 个孔，用大头针在另一个纸杯底部钻 5 个孔，两个杯子上 5 个孔的位置要相同。 ② 用厚胶带把孔盖住。 ③ 往有大孔的杯子里倒水。 ④ 准备好秒表，撕掉胶带，让另一名学生计时，记录水从杯里流完所用的时间，小心不要挤压杯子。重复测量 3 次，计算平均时间。 ⑤ 第二个杯子也这样做。 3. 比较两个杯子的流速。 　二者的排水量有何不同？如果用其中一个做喷头，会比另一个好吗？ 4. 反馈交流。	小组合作时教师巡视指导，引导学生通过小实验对他们的节约研究进行完善。	通过指导，能完成水流速杯的制作。 （见活动任务二）
四、写一写：设计节水标语 小组合作，设计节水标语，可以配上插图。 　节约用水要像爱护我们的眼睛一样，节约用水不应只是一天、一周，而应该是持续发展的。我们应该倡导身边的每一个人，珍惜每一滴水。	让学生设计节水标语，并向家人和朋友进行宣传。	通过讨论和设计，使学生进一步巩固节约用水的思想，并将这一环保意识进行广泛宣传。 （见活动任务三）
五、总结 今天你有什么新的收获？我们该为节约用水做些什么？	总结本课所学。	总结提升，交流分享。

（三）活动任务

任务一：浪费水行为的动作猜谜

1. 任务目标

认识常见的浪费水的行为。

2. 任务内容

让学生玩"浪费水行为的动作猜谜"。小组编排并表演一个哑剧来演示纸上所写的行为，当有一组猜到他们的行为时，这一组也必须编排表演一个哑剧来表示对该行为的纠正。

动作猜谜

任务二：水流速杯的制作

1. 任务目标

完成水流速杯的制作。

2. 任务内容

根据指导和要求完成两种水流速杯的制作，测量每种杯中水流完所用时间，并比较两种杯子的流速。

任务三：设计节水标语

1. 任务目标

设计节水标语。

2. 任务内容

小组合作设计节水标语，可以配上插图。

学生画作（林宇轩）

学生画作（邵梦婕）

学生画作（王思瑗）

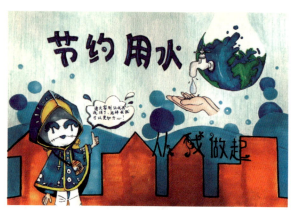

学生画作（潘文慧）

"珍惜每一滴水"活动总评价表

活动满意度（打"√"）	😊 优秀	😐 良好	😟 须努力
能了解生活中各种浪费水资源的现象			
能正确制作水流速杯			
能通过小组合作设计节水标语并进行宣传			

单元主题活动案例

主题五：画水

"画水"这一主题旨在引导学生关注水与不同学科的结合，了解与水有关的小制作和各种创意活动，提高学生对水的认识和应用。

你能用身边常用的材料制作出能发出雨声的仪器吗？如果将一片流域内湿地里的水榨干，将会流出多少水？你知道如何描绘出一个水域的结构吗？冬天的雪除了白色之外，还悄悄地告诉我们许多只有它才知道的故事……如果有人对你说"Raining Cats and Dogs"，你会找人帮忙还是赶快打起雨伞？

01　活动目录

02　活动空间

在未来工作坊（扩展活动）中，将主题知识与未来的愿景和行动计划相融合，通过不同的行动改善问题。落实行动，整合各类资源，以行动为导向实现所学知识和所培养能力的迁移与可持续运用，用音乐、美术等方式激发学生和社区群体护水、爱水。

例如，你几天后要向四年级学生开展一次"水文化"讲座，你准备如何介绍"水"这一"传统意象"？如何进行诗牌游戏？请大家思考制作一个有关"水的文化"的演示文稿。

03　活动资源

校内合作

各学科专业师资：语文、数学、自然科学、音乐、美术、劳技等学科教师。

学校管理层：节水艺术展。

校外合作

上海东滩湿地公园。

活动 1　自然界的声音

一、活动简介

在大自然中，每一个音符每一种声音都蕴藏着一种美。这需要我们拥有一双能发现美的耳朵，把自然天籁之音中的每一个美妙的音符谱写成一首能给人以美感、给人以启发的自然狂想曲。

你知道自然界中的雨声、水声是什么样的吗？请列出自然界发出的声音，并播放不同的自然声音。告诉学生，很多乐器都可以用来模仿自然的声音。展示简单的乐器，让学生了解纯自然的声音之美。

二、关键能力的培养

1. **跨学科的工作能力**：能将在自然科学、音乐和语文课上所学的知识、方法和能力联系起来。
2. **前瞻性的思考与行动能力**：思考不同声音对人和动物的影响。

三、方法与手段

1. **创造性的方法**：通过视频、图片、猜谜等方式，了解不同的自然界声音。
2. **应用各种媒体的手段**：通过播放不同类型的雨声唤起学生对水和自然的纯真感受。
3. **反思的方法**：反思不同声音对人和动物的影响。

四、活动材料

1. **活动材料与工具**：多媒体资料、图片、简单的工具（如拨浪鼓和闹铃）。
2. **活动任务单**：讨论不同声音对人和动物的影响、讨论水能发出什么样的声音、用附近的物体模拟不同的水流声。
3. **活动总评价表**："自然界的声音"活动总评价表。

五、活动方案

（一）活动时间：1 课时

（二）活动过程

学生活动	教师指导要点	要求说明
一、谈话导入：自然界中有哪些水的声音 谈话交流，引出课题。	学生交流时可能说出的水的声音种类不多，教师需要在适当的时候进行一定程度的引导与归纳。	通过谈话，使学生知道自然界中水的声音有很多种，并且能和自然学科学过的知识相融合。
二、讨论不同声音对人和动物的影响 1. 播放不同类型的声音，让学生猜是哪一种。 2. 小组交流：为每种声音打分，选出最喜欢的一种，以活动任务单的形式呈现。	课前搜集不同的音频，学生交流过程中巡视指导，鼓励学生表达自己的喜好并引导学生说出理由。	通过播放不同类型的雨声，唤起对水和自然的纯真感受，并能反思不同声音对人和动物的影响。（见活动任务一）
三、讨论水能发出什么样的声音 1. 小组讨论：不同的声音如何给人不同的感觉。绵绵细雨可能会使人舒适和愉悦，而暴雨可能会使人害怕和忧虑。 2. 根据雨音器的结构和填充材料，预测它可能发出的声音。 3. 反馈交流。	小组交流时，教师巡视指导，了解学生交流的基本情况。	通过交流，使学生能说出喜欢听的声音及其理由。（见活动任务二）

（续表）

学生活动	教师指导要点	要求说明
四、用附近的物体模拟不同的水流声 1. 学生列出自然界里的声音。 2. 播放不同的自然声音。 3. 展示简单的乐器，如葫芦丝、哨子、口琴、鼓、笛子等。 4. 讨论：乐器是怎么做成的？ 很多乐器可以用来模仿自然的声音，它们的声音是怎样的？	引导学生带着问题听音频，引导学生说出雨音器发出的声音与制作材料种类和用量的关系；辨认其他文化背景下的人如何从周围的环境中找出制作雨音器的材料；用不同材料模仿下雨的声音。	通过音频学习和讨论，能将本活动与音乐和语文课上所学的知识、方法和能力联系起来。 （见活动任务三）
五、总结 今天你有什么新的收获？	总结本课所学。	总结提升，交流分享。
六、活动延伸 思考：听到暴雨、洪涝的声音，我们可以有哪些应对方法和自救措施呢？	抛出问题，引导学生思考特殊水灾自救，激发学生课外延伸探究的兴趣。	延伸思考。

（三）活动任务

任务一：讨论不同声音对人和动物的影响

1. 任务目标

找出自己最喜欢的自然之音。

2. 任务内容

感受不同的声音并打分。

不同声音打分表

你听到的声音	请用 1~5 分打分	你听到的声音	请用 1~5 分打分

任务二：讨论水能发出什么样的声音

1. 任务目标

了解不同声音如何给人不同的感受。

2. 任务内容

小组讨论对不同水声的感受。

对不同水声的感受

水的声音	你的感觉

任务三：用附近的物体模拟不同的水流声

1. 任务目标

用乐器模仿流水的声音。

2. 任务内容

学生讨论并用乐器模仿不同的水流声。

用乐器模仿水声

"自然界的声音"活动总评价表

活动满意度（打"√"）	优秀	良好	须努力
知道不同的声音对人和动物的影响不同			
能根据雨音器的结构和填充材料，预测它可能发出的声音			
能用附近的物体模拟不同的水流声			

单元主题活动案例

主题六：节水

"节水"这一主题旨在引导学生了解物品的"水足迹"，了解PET塑料的再生过程和世界水日，关注水域健康，增强节约水资源的意识。

老旧塑料制品如何变成新的？

为什么喝一杯牛奶，但实际上却消耗约 1020 杯水呢？

你知道如何为你家附近的水域做"健康体检"吗？

"世界水日"是人类在 20 世纪末确定的又一个节日。为满足人们的日常生活以及工业和农业对水资源的需求，联合国长期以来致力于解决因水资源需求上升而引起的全球性水危机。

01　活动目录

活动 1　我的"水足迹"

活动 2　再生之路

活动 3　水健康专家

活动 4　河流体检

活动 5　世界水日

02　活动空间

在创新实验室中，将主题知识与未来的愿景和行动计划相融合，通过不同的行动改善问题。落实行动，整合各类资源，以行动为导向实现所学知识和所培养能力的迁移与可持续运用。"走水"和再生之路都可以为循环利用和水资源保护提供问题参考，为学生得出合适的解决方案奠定基础。

03 活动资源

校内合作

各学科专业师资：语文、数学、自然科学、物理、化学、生物、生活等学科教师。

学校管理层：循环利用箱。

校外合作

三江流域"走水"、世界水日参观工厂。

活动1　我的"水足迹"

一、活动简介

本活动旨在使学生理解"水足迹"和"隐形水"的概念，了解日常生活用水和消费品中包含的"水足迹"，关注全球水资源状况，思考在水资源利用与保护上，企业和个人可以做哪些工作，提升个人节约用水的意识和行动力。

二、关键能力的培养

1. **全球视野的感知能力**：了解水资源分配和利用对人类生活的影响，研究全球和当地的水资源现状，了解参与保护水资源行动的积极人士，从不同专业角度有关联性地审视主题。

2. **前瞻性的思考与行动能力**：了解中国的水资源情况，讨论思考每种物品的"水足迹"。

3. **反思生活方式的能力**：通过计算自己的"水足迹"，讨论如何降低自身消耗的"水足迹"，树立节约用水的意识。

三、方法与手段

1. **应用各种媒体的手段**：提供学习资料和图片，知道各种物品的"水足迹"。

2. **行动指向的方法**：用计算每日"水足迹"的方法来控制日常生活用水。

3. **反思的方法**：反思如何降低自身消耗的"水足迹"，提高节水意识。

四、活动材料

1. **活动材料与工具**：每个物品对应的实际用水量和虚拟用水量的小卡片。

2. **活动任务单**：了解"水足迹"的概念、讨论每种物品的"水足迹"、制定菜单。

3. **阅读**：中国水资源情况。

4. **讨论**：每种物品的"水足迹"；你的"水足迹"计算。

5. **活动总评价表**："我的'水足迹'"活动总评价表。

五、活动方案

（一）活动时间：1课时

（二）活动过程

学生活动	教师指导要点	要求说明
一、谈话导入：了解"水足迹" 知道生活中的很多物品都有"水足迹"，树立节约用水的意识。 1. 谈话交流，引出课题。 出示一杯200毫升的牛奶，"同学们，你们知道这杯200毫升的牛奶，实际上消耗了多少水吗？"出示答案：200升水。 引出课题：我的"水足迹"。 2. 阅读中国水资源情况，了解"水足迹"的概念。 "水足迹"是一种衡量消费者或生产者直接用水和间接用水的指标。 直接用水是指消费者或生产者直接使用的水资源；间接用水又称"虚拟水"，指产品生产过程中消耗或者污染的水。	学生交流时可能会说得很多很杂，教师需要在适当的时候进行一定程度的引导与归纳。	通过交流和阅读学习资料，引出"水足迹"的内容，初步了解"水足迹"的概念。 （见活动任务一）
二、讨论：每种物品的"水足迹" 1. 让学生写出日常生活中经常使用的物品、吃的食物、喝的东西等。 2. 讨论平时吃的食品中哪种水多，哪种水少。 3. 通过每种物品的"水足迹"列表，进一步了解"水足迹"。 4. 说明虚拟水和实际含水的区别。 5. 举例说明，以一杯牛奶为例，分析它的"水足迹"。告诉学生除了奶牛生长过程以外，生产环节的原材料、运输、包装等环节也需要水。 通过观看视频《一杯牛奶的故事》，生动形象地了解"水足迹"（视频出自某视频平台《WWF水管理创新之一杯牛奶的故事》）。 一杯牛奶大约消耗了"1020杯水"的"水足迹"。 6. 小结：通过对"水足迹"量的关注，让学生开始有意识地关注自己的"水足迹"，并且从节约用水开始，保护水资源。	通过提问的方式，逐步引导学生了解物品的"水足迹"。	交流和讨论，知道每样物品不仅有直接用水还有间接用水。 （见活动任务二） 通过观看视频，形象生动地了解"水足迹"的含义，增强节约用水的意识，锻炼学生前瞻性的思考与行动能力。
三、计算自己的"水足迹" 1. 写一写自己的"水足迹"。 ① 点菜单：给学生看一些食物列表，让学生写下自己希望点的菜。 ② 计算菜单的实际水量：教师先给到实际水量的物品卡片，让学生计算总水量是多少。 ③ 计算菜单的"水足迹"并进行对比：教师根据学生拿的卡片，给出虚拟水的卡片，让学生继续计算总共消费的水是多少，对比两次水量的不同。 2. 小组交流：如何降低自身消耗的"水足迹"？讨论除了个人外，企业和政府等单位可以为降低"水足迹"做些什么。	在进行活动时，教师要进行巡视，指导学生计算菜单的"水足迹"。	通过指导，让学生计算菜单的"水足迹"，促使学生关注自己的"水足迹"，积极保护水资源。 （见活动任务三）

（三）活动任务

任务一：了解"水足迹"的概念

1. 任务目标

了解"水足迹"的概念。

2. 任务内容

阅读资料，通过小组讨论，树立节约用水的意识。

"水足迹"资料图

任务二：讨论每种物品的"水足迹"

1. 任务目标

了解日常生活中常用物品的"水足迹"。

2. 任务内容

学生观看视频资料，小组合作列表，讨论每种物品的"水足迹"。

任务三：制定菜单

1. 任务目标

制定菜单，计算自己的"水足迹"。

2. 任务内容

通过讨论和计算，知道如何降低自身消耗的"水足迹"。

"水足迹"计算

"我的'水足迹'"活动总评价表

活动满意度（打"√"）	优秀	良好	须努力
了解水资源分配和利用对人类生活的影响			
了解中国水资源的情况，讨论思考每种物品的"水足迹"			
通过计算自己的"水足迹"，讨论如何降低自身消耗的"水足迹"，树立节约用水的意识			

活动 5　世界水日

一、活动简介

"世界水日"是人类在 20 世纪末确定的又一个节日。为满足人们日常生活以及工业和农业对水资源的需求，联合国长期以来一直致力于解决因水资源需求上升而引起的全球性水危机。

本活动旨在使学生通过世界水日活动参与社区水活动，将课堂所学知识带入活动中，了解世界水日。

二、关键能力的培养

1. **跨学科的工作能力**：通过自然、环保探究等课程，初步了解淡水资源严重匮乏是当今世界面临的共同问题，让学生知道水的珍贵，养成节水好习惯。

2. **理解与合作的能力**：学会在生活中做一些力所能及的节约用水的小事。

3. **激励自己和他人的能力**：搜集、制定一些节水措施。

三、方法与手段

1. **专业性的工作方式**：通过参观饮用水公司，了解水的知识。

2. **应用各种媒体的手段**：提供学习资料和图片。

3. **交流与合作的方法**：通过小组合作与交流，掌握节约用水的方法。

四、活动材料

1. **活动材料与工具**：参照每个活动的课程材料列表。

2. **活动任务单**：了解世界水日的由来、小调查报告、参观饮用水公司。

3. **活动总评价表**："世界水日"活动总评价表。

五、活动方案

（一）活动时间：1课时

（二）活动过程

学生活动	教师指导要点	要求说明
一、世界水日活动介绍 "世界水日"是人类在20世纪末确定的又一个节日。为满足人们日常生活以及工业和农业对水资源的需求，联合国长期以来致力于解决因水资源需求上升而引起的全球性水危机。1977年召开的"联合国水事会议"，向全世界发出严正警告：水不久将成为一个深刻的社会危机，继石油危机之后的下一个危机便是水。1993年1月18日，第47届联合国大会作出决议，确定每年的3月22日为"世界水日"。（视频资料）	指导学生了解世界水日的由来和设置世界水日的目的。	使学生感受水的珍贵，激发学生保护水资源的情感。 （见活动任务一）
二、活动准备 设计一份小调查报告，事先填写好自己想要了解哪些内容。通过参观，又知道了哪些从不知晓的知识。	提示学生： 1. 参观前：定好自己要探究的问题； 2. 参观中：认真记笔记，有问题及时提出并自主探索。	学生通过设计小调查，能事先了解瓶装水的知识。
三、活动过程 1. 学生填写调查报告中想要了解的知识。 2. 参观雀巢饮用水厂，参观过程中做好记录。 3. 活动结束后，整理搜集的照片和视频资料。 4. 继续填写调查报告中通过参观后了解到的知识。 5. 分小组交流参观情况和搜集到的信息以及知识。	鼓励学生积极参与以水为主题的各种游戏、任务和活动，提高对水的认识和保护意识。	学生通过记录、观察、搜集资料等方法，了解相关知识，增强节水意识。 （见活动任务二）
四、心得体会 瓶装饮用水的生产过程相当复杂，每瓶水都来之不易，要学会珍惜每一滴水。	指导学生撰写心得体会。	知道饮用矿泉水和纯净水比喝饮料更加健康。学会珍惜每一滴水。 （见活动任务三）
五、世界水日活动安排表 世界水日可以和谁一起举办？ ★ 参与人员：学校教师、学生、家长。 ★ 可联系方：区、市政府领导，本地的自来水工厂、水务局等单位。 ★ 活动类型：家长水日、水日嘉年华、工厂参观等。	指导学生做好准备工作（填写调查表等）。 提前联系相关单位，联系家长做好协调工作。	通过参加活动，使学生知道水的生产过程是非常不容易的，必须节约用水。

（三）活动任务

任务一：了解世界水日的由来

1. 任务目标

了解世界水日的由来。

2. 任务内容

（1）生活中哪些地方需要用到水？

（2）哪些地方缺水？

（3）缺水有什么危害性？

（4）世界水日的定制。

任务二：小调查报告

1. 任务目标

完成水生产过程的小调查报告。

2. 任务内容

（1）瓶装水是怎样产生的？

（2）瓶装水中的水是哪里来的？

（3）瓶装水生产过程中会有污染产生吗？

（4）生产一瓶水需要多少时间？

任务三：参观饮用水公司

1. 任务目标

参观饮用水公司并了解瓶装水的由来。

2. 任务内容

（1）了解瓶装水是怎样产生的。

（2）激发珍惜水资源的情感。

（3）明白饮用水比饮料更加健康。

（4）增强节约用水的理念。

"世界水日"活动总评价表

活动满意度（打"√"）	😊 优秀	😐 良好	🙁 须努力
了解世界水日的由来			
完成小调查报告			
参观饮用水公司并了解瓶装水的由来			

参考文献

1. 国家林业局湿地保护管理中心，世界自然基金会 . 生机湿地 [M]. 北京 : 中国环境出版社，2017.

2. 上海雀巢饮用水有限公司 . Project WET 老师的水教育——Project WET 水资源教育全球项目中文课程与活动指南 [G].2016.

3. Dennis Nelsen, 水教育项目基金会 .《清洁与节水》导师活动指南 [G].2016.

4. 伍业钢，唐剑武，潘绪斌 . 生态智慧——生物多样性 [M]. 北京 : 高等教育出版社，2015.

5. 伍业钢，唐剑武，潘绪斌 . 生态智慧——水系与流域 [M]. 北京 : 高等教育出版社，2015.

6. 伍业钢，唐剑武，潘绪斌 . 生态智慧——全球气候变化 [M]. 北京 : 高等教育出版社，2015.

7. 伍业钢，唐剑武，潘绪斌 . 生态智慧——生态可持续性 [M]. 北京 : 高等教育出版社，2015.

8. 查尔斯·科瓦奇 . 科瓦奇讲植物 [M]. 新竹人智学会，译 . 贵阳 : 贵州教育出版社，2013.

9. 中国气象局 . 中国气象灾害年鉴（2014）[M]. 北京 : 气象出版社，2015.

10. 张祖新，等 . 雨水集蓄工程技术 [M]. 北京 : 中国水利水电出版社，1999.

11. 江西省水资源管理中心 . 节水知识科普读物 [M]. 北京 : 中国水利水电出版社，2015.

12. 林崇德 .21 世纪学生发展核心素养研究 [M]. 北京 : 北京师范大学出版社 , 2016.

13. 中华人民共和国教育部 . 教育部关于印发《中小学德育工作指南》的通知 [R/OL].(2017-08-22) [2019-10-10].http://www.moe.gov.cn/srcsite/A06/s3325/201709/t20170904_313128.html.

14. Bohn, A./ Kreykenbohm, G./ Moser, M./ Pomikalki, A. (2002): Handreichung zur Modularisierung und Einführung von Bachelor- und Masterstudiengängen. Erste Erfahrungen und Empfehlungen aus dem BLK- Modellversuchsprogramm „Modularisierung " Heft 101. Bonn

15. Brüning, B. (2001): „Philosophieren in der Grundschule. Grundlagen – Methoden – Anregungen. " Cornelsen- Verlag Scriptor GmbH & Co. KG, Berlin

16. Brenifier, O. (2010): „Freiheit. Was ist das? " Boje- Verlag GmbH, Köln

17. Burow, O./ Neumann- Schönwetter, M. (1997): Zukunftswerkstatt in Schule und Unterricht. Hamburg

18. de Haan, G. (2009): Bildung für Nachhaltige Entwicklung für die Grundschule. Forschungsvorhaben Bildungsservice des Bundesumweltministeriums. Berlin

19. Eder, U. (2010): Methodenmappe zum Thema Klimagerechtigkeit. Hamburg

20. Freudenreich, D. (1997): Kooperation – Lernen durch Rollenspiele. 1. bis 4. Schuljahr. München

21. Fröhlich, M. (2004): „Philosophieren mit Kindern. " LIT- Verlag, Münster

22. Gudjons, H. (1987): Handlungsorientierung als methodisches Prinzip im Unterricht. In: WPB 5/ 1987, S. 8

23. Herb, K./ Höfling, S./ Wiesheu, R. (2007): „Kinder philosophieren. ", Hanns- Seidel- Stiftung e.V., München

24. Jungk, R./ Müllert, N. (1989): Zukunftswerkstätten. Mit Phantasie gegen Routine und Resignation. München

25. Killermann, W./ Hiering, P./ Starosta, B. (2013): Biologieunterricht heute. Eine moderne Fachdidaktik.

26. Künzli David, C./ Bertschy, F./ de Haan, G./ Plesse, M. (2008): Zukunft gestalen lernen durch Bildung für nachhaltige Entwicklung. Didaktischer Leitfaden zur Veränderung des Unterrichts in der Primarstufe. Berlin

27. Künzli David, C. (2007): Zukunft mitgestalten: Bildung für eine nachhaltige Entwicklung – Didaktisches Konzept und Umsetzung in der Grundschule. Bern

28. Langner, T. (2011): Klimadetektive in der Schule. Eine Handreichung. Stralsund

29. Martens, E. (2004): „Philosophieren mit Kindern. Eine Einführung in die Philosophie. " Reclam, Ditzingen

30. Meyer, H. (1996): Unterrichtsmethoden II. Frankfurt a. M.

31. Möller, K. (2006): Handlungsorientierung im naturwissenschaftlichen Sachunterricht mit dem Ziel den Aufbau von Wissen zu unterstützen. In: Klupsch- Sahlmann, R. u.a. (Hrsg.):

Handbuch Kindheit und Schule. Neue Kindheit, neues Lernen – anderer Unterricht. Weinheim und Basel, S. 273 – 282

32. Rude, C. (2011): „Praxisleitfaden Kinder philosophieren für Kindertageseinrichtungen und Schulen. " Akademie Kinder philosophieren im Bildungswerk der Bayerischen Wirtschaft e.V., Freising

33. Seifert, A./ Zentner, S./ Nagy, F. (2012): Praxisbuch Service- Learning. Weinheim

34. Sliwka, A. (2004): Service Learning: Verantwortung lernen in Schule und Gemeinde. In: Edelstein, W./ Fauser, P. (Hrsg.): Beiträge zur Demokratiepädagogik. Eine Schriftenreihe des BLK- Programms „Demokratie lernen und leben. " Berlin

35. Thurn, B. (1996): Lerherbücherei Grundschule: Mit Kindern szenisch spielen. Spielfähigkeit entwickeln. Pantomimen, Stegreif- und Textspiele. Von der Idee zur Aufführung. Berlin

36. Transfer 21/ „AG Qualität & Kompetenzen ": (2007): Orientierungshilfe Bildung für nachhaltige Entwicklung in der Sekundarstufe I – Begründungen, Kompetenzen, Lernangebote. Berlin

致谢

本丛书的汇编与出版，凝聚了中外专家、专业单位和基地学校的鼎力支持与共同探索，教师和学生的积极参与和创新探究更是推动活动类课程开发与教学设计的源泉。

在此，我们特别感谢德国帕绍大学克里斯蒂娜·汉森教授和凯瑟琳·普朗克博士研制的"环境教育活动课程开发模型"，对课程内容、关键能力的培养和环境教育教学法等进行了范例解读，对课程的开发与实施过程进行了科学的监测与评估，并针对基地学校教师开展了一系列的研讨与培训等工作。

另外，我们衷心感谢长期从事环境教育的上海市教育委员会教学研究室原副主任赵才欣先生和华东师范大学陈胜庆教授。作为基地学校环境教育课程开发、实施的指导专家，他们对德方提供的理论系统框架、专业内容以及评估标准进行本土化的诠释，并定期走访基地学校，对课程的实践应用进行针对性的教学指导与研讨，积极推动学生实践活动的开展，有效地保障了课程开发的进展与质量。

同时，我们非常感谢德国汉斯·赛德尔基金会引进这个国际项目，并全面协调组织课程的开发。感谢浙江省中小学教师与教育行政干部培训中心、浙江外国语学院、华东师范大学、上海师范大学、上海市教委教研室、上海市普陀区青少年活动中心、上海市气象局、上海市辐射监督站、中国南北极研究所、世界自然基金会、创先泰克、洋铭科技等单位和专业机构的支持，以及有关专家与专业人士在课程开发与教学实践过程中给予的指导、资源共享、场地支持等无私帮助！

衷心致谢参与本次环境教育课程研发与丛书编写的上海基地学校团队。

周卫萍校长	上海市普陀区恒德小学
计飞鸣校长	上海市浦东新区凌桥小学
益　勤校长	上海市浦东新区凌桥小学
张国勤校长	上海市金山区兴塔小学
吕华琼校长	上海市长宁区天山第一小学
沈　涓书记	上海市长宁区天山第一小学
虞宏逸校长	上海市普陀区朝春中心小学
黄建平校长	上海市普陀区朝春中心小学
杨　荣校长	上海市实验小学

李　琳校长　　　上海市浦东新区金新小学

黄云峰校长　　　上海市浦东新区金新小学

胡　蓉校长　　　上海市长宁区愚园路第一小学

苏　虹书记　　　上海市长宁区愚园路第一小学

周鹤珍副书记　　上海市长宁区愚园路第一小学

卞松泉校长　　　上海市杨浦区打虎山路第一小学

孙纳新校长　　　上海市普陀区武宁路小学

特别致谢上海市师资培训中心领导对项目落地与开展的支持、关爱和帮助，以及同仁们专业的指导和建议。

上海市师资培训中心

中德环境教育国际研发项目组

2019 年 12 月

附录1 主编与专家简介

陈胜庆，华东师范大学教授，特级教师，曾任华东师范大学第二附属中学副校长、华东师范大学张江实验中学校长，全国地理教学研究会副理事长兼秘书长，上海市名师培养基地主持人，教育部《科学课程标准》研制组专家、住建部《绿色校园国家标准》编制组编委。主编《绿色探索者》《中小学低碳教育读本》《让天空更蓝》等环境教育类教材和读本。中德环境教育国际合作项目组中方专家，承担指导基地学校进行环境教育课程研发、教师培训和成果评估等工作。

克里斯蒂娜·汉森（Christina Hansen），博士，毕业于维也纳大学教育心理学专业。任职于德国帕绍大学，基础教育学和教学法讲席教授，帕绍大学教师教育中心副主任，教师实践研究中心负责人，帕绍大学师范生考试委员会主席。研究重点：多元化研究、天赋促进教育、教育空间发展、教师教育国际化。中德环境教育国际研发项目组德方专家，建构环境教育课程开发理论模型，开展与项目相关的学术指导和项目评估等工作。

华夏，毕业于德国美因茨大学（Johannes Gutenberg University Mainz），教育学与音乐学专业。任职于上海市师资培训中心，境外交流合作部主任，副研究员。研究重点：教师教育国际化、课程与教学。德国帕绍大学可持续发展国际合作项目专家，德国汉斯·赛德尔基金会可持续发展教育领域资深专家，浙江外国语学院德国研究中心专家。中德环境教育国际研发项目组成员，主持课程理论模型与学术理论的研究与实践，对基地学校开展课程开发与实践的阶段性指导、教师培训，以及成果评估等工作。

凯瑟琳·普朗克（Kathrin Plank），博士，德国帕绍大学研究员。研究重点：多元化研究、教育公平、参与性教育空间发展、教师教育国际化。中德环境教育国际研发项目组德方专家，诠释环境教育课程开发理论模型的核心内容，开展基地学校教师培训和项目评估等工作。

曲莉雯，毕业于上海师范大学音乐教育专业。任职于上海市师资培训中心，长期从事教师教育与培训方面的专业工作。德国帕绍大学可持续发展国际合作项目组成员，德国汉斯·赛德尔基金会可持续发展教育领域指导专家，中德环境教育国际研发项目组成员，指导各省市相关基地学校通过环境教育项目开展环境教育的课程创新、教学实践、教师培训与队伍建设。结合中德环境教育项目以及多年教师教育与培训工作的思考和实践，在《现代基础教育研究》上发表了《小学环境教育课程的创新研发与教学实践——以"中德环境教育国际合作项目"为例》专题论文。

赵才欣，曾任上海市教育委员会教学研究室副主任，特级教师。中国教育学会地理教学专业委员会常务理事。研究重点：课程与教学、地理教研和环境教育。曾主持上海市环境教育协调委员会中小学办公室工作。中德环境教育国际研发项目组中方专家，指导基地学校进行环境教育课程研发、教师培训和成果评估等工作。

赵洁慧，任职于上海市师资培训中心，中心党委副书记，副研究员。研究重点：教师教育与在职培训。中德环境教育国际研发项目组中方专家，负责项目开展的阶段性学术指导和统筹协调工作。

周增为，任职于上海市师资培训中心，中心党委书记、主任，特级教师，正高级教师。教育部思想品德与思想政治课教材审查成员，国培计划专家库成员。上海市名师培养基地主持人，上海市德育实训基地主持人。上海市教师学研究会德育与政治专业委员会副主任，上海市伦理学会常务理事。研究重点：师德与德育、教师教育与在职培训。中德环境教育国际研发项目组中方专家，负责项目开展的阶段性学术指导工作。

附录2 参编基地学校简介

丛书 1：《气候变化与环境保护》

《生活中的节能减排》

上海市普陀区恒德小学，是一所在全国有影响力的气象科普特色学校。学校坚持"为每一个学生的生命成长奠基"的办学使命和"自主学习、和谐发展、奠基人生"的办学理念，倾心培育"有恒心、有德性、善学习、能创新"的恒德学子，全力营造"恒为贵，德润身"的学校文化。2016 年学校成为中德环境教育国际研发项目基地学校，努力推进教育国际化、现代化，在国际化理念和全球化视野的引领下，深入开发环境教育校本课程，探索更多更好的活动载体，为学生参与环境保护提供更大空间，使环境教育渗透各个学科，让环境保护落实到每个学生的行动中。学校先后获上海市节约用水示范学校、全国节能减排与可持续发展社会行动项目示范学校、中国中小学气候教育变化行动学校、全国气象科普教育基地——示范校园气象站、国际生态绿旗学校、联合国教科文组织中国可持续发展教育项目国家实验学校等荣誉称号。

《护水小达人》

上海市浦东新区凌桥小学，创建于 1916 年。多年来遵循"尚美至善，快乐和谐"的八字校风，致力于创建"文明、整洁、清新、和谐"的校园环境。2008 年以区级课题"农村小学开展环境教育的实践与研究"为引领，开展了素质教育实验校的实践研究，并初步形成了环境教育的学校特色。2015 年学校成为中德环境教育国际研发项目基地学校，在接受国内外环境教育先进课程理念的同时，将育人理念植入具有学校教育教学特色的校本课程"走进绿色"中，为学校特色校本课程做了更加系统、深入、有效地梳理与拓展。学校先后获上海市雏鹰大队、上海市花园单位、全国红领巾科普创新示范校、全国红旗大队、全国环境教育示范学校等荣誉称号。

丛书 2：《生物多样性与生态系统》

《保护野生动物》

上海市金山区兴塔小学，创建于 1906 年。学校地处上海远郊，始终坚持"以人为本，追求优质"的办学理念，努力把学校建设成环境优美的花园、书香飘溢的乐园、师生成长的家园，争创一流的农村小学。学校从 20 世纪 90 年代起就开展环境教育的实践探索，2015 年学校成为中德环境教育国际研发项目基地学校，结合乡土特色，研究开发针对小学生的环境教育校本课程及活动手册，开展了以"保护野生动物"为主题的一系列环境教育活动，培养学生的环境意识，促使学生掌握初步的环保知识技能。学校先后获上海市首批文明校园、上海市科技特色示范学校、上海市绿色学校、全国雏鹰大队、全国书法教育实验学校、全国青少年校园足球特色学校等荣誉称号。

《微生态创客空间》

上海市长宁区天山第一小学，坐落在长宁区茅台路 109 号，创建于 1952 年。在六十八年的办学历程中，学校始终坚守义务教育的使命，坚持以师生发展为本，秉承传统，不断创新，逐渐形成了底蕴丰厚、特色鲜明、质量显著的发展格局。作为长宁精品城区里的一所公办小学，被教育局定为教育国际化办学实验学校以来的十年，借助"未来学习中心"的创建和发展，由点到面，尝试在全学科探索实践，深入研究认知与探究相融合的学习方式。2015 年，学校成为中德环境教育国际研发项目基地学校，全面推进"天一"环境教育项目发展。用项目促进学生学科素养和综合素养的发展，转变并融通学习方式，组织学生在深度的项目化学习中将认知与探究相结合，培养学生的高阶思维，追求学生的个性发展。中德环境教育项目促进了"天一"学生与世界的联系和沟通，增强了他们的全球意识和国际交往能力。让学生意识到自己生在中国但同时也处于世界之中，人类命运是一个全球化的共同体。学校先后获上海市文明校园、上海市提升中小学（幼儿园）课程领导力行动研究项目学校、上海市儿童基础素养研究种子学校、上海市外语类及外语特色联盟校成员、上海市信息化应用标杆培育校、上海市科技先进学校、上海市绿色学校以及国际生态绿旗学校等荣誉称号。

丛书 3：《资源管理与利用》

《小小水管家》

上海市普陀区朝春中心小学，是上海市普陀区一所大型的公办学校。2015 年学校成为中德环境教育国际研发项目基地学校，学校围绕"自主发展，追求进步"的办学理念，树立可持续发展的意识，进行环境教育校本课程建设。汲取国内外先进的教育教学方法，广泛开展环境教育活动，切实培养学生环境意识，养成良好环境行为习惯，促进学生素质全面提高。学校先后获上海市文明单位、上海市素质教育实验学校、上海市艺术教育特色学校、国际生态绿旗学校等荣誉称号。

《让垃圾变资源》

　　<u>上海市实验小学</u>，是一所百年名校，创立于 1911 年。学校坚持"三个面向"，坚持开放的教育理念，不断开展教育教学实验研究，致力于全面实施素质教育。2015 年学校成为中德环境教育国际研发项目基地学校，进行环境教育校本课程建设，将环境教育由活动提升为课程，更加关注每一名学生的学习体验与感悟，乃至行为的转变，从而真正做到关注环境、主动保护环境，有效提升学生的环保素养。学校先后获上海市文明单位、上海市教科研先进集体、上海市花园单位、上海市绿色学校、全国特色学校等荣誉称号。

丛书 4：《校园生态与环境探究》

《走进身边的生态》

　　<u>上海市浦东新区金新小学</u>，创建于 1996 年。学校多年来坚持走"和谐治校、质量治校""科技兴校、特色强校"的内涵发展之路，以"让每一个学生都能健康快乐地成长"为办学宗旨，以"生态环境教育浸润在学校教育全过程"为办学理念，环境教育成为学校的办学特色。2015 年学校成为中德环境教育国际研发项目基地学校，将环境教育的目标与金新小学的办学理念结合在一起，研发校本课程，融入"以人的教育为本"的育人价值，发挥项目的探索与延伸、辐射与引领作用。学校先后获浦东新区素质教育实验校、区科技教育特色学校、区绿色学校、区低碳先行优秀学校等荣誉称号。

《校园环境探究》

　　<u>上海市长宁区愚园路第一小学</u>，是一所具有七十多年历史的学校，具有良好的环境教育基础。2015 年学校成为中德环境教育国际研发项目基地学校，以"环境与健康"作为主线，将环保教育融入课堂。学校注重培养学生的科学环保意识，为学生搭建时时处处培养环保精神的舞台，探索在潜移默化中渗透环保教育的途径与方法。学校在公共教育服务视野下，树立"幸福而卓越"的办学价值观，落实"在合作氛围中自主成长，在和谐校园中全面成长，在文化熏陶中幸福成长"的办学理念，持续培育合作文化，追求幸福而卓越的教育。学校先后获上海市绿色学校、全国绿色学校、国际生态绿旗学校等荣誉称号。

图书在版编目（CIP）数据

气候变化与环境保护 / 上海市师资培训中心编. — 上海:上
海教育出版社, 2020.5
ISBN 978-7-5444-9884-5

Ⅰ.①气… Ⅱ.①上… Ⅲ.①气候变化 – 环境教育 – 小学 –
课外读物 Ⅳ.①G624.63

中国版本图书馆CIP数据核字(2020)第077885号

责任编辑　茶文琼　汪海清
书籍设计　陆　弦
印装监制　朱国范

气候变化与环境保护
上海市师资培训中心　编

出版发行　上海教育出版社有限公司
官　　网　www.seph.com.cn
地　　址　上海市永福路123号
邮　　编　200031
印　　刷　上海锦佳印刷有限公司
开　　本　890×1240　1/16　印张 8.75
字　　数　195 千字
版　　次　2020年6月第1版
印　　次　2020年6月第1次印刷
书　　号　ISBN 978-7-5444-9884-5/G·8148
定　　价　48.00 元

如发现质量问题，读者可向本社调换　电话:021-64377165